नयी उम्मीदों का युवराज

अखिलेश यादव

अविजित सूर्यवंशी

रूपांतरण

अशोक कुमार शर्मा

ISBN : 978-81-288-3955-9

प्रकाशक डायमंड पॉकेट बुक्स (प्रा.) लि.
X-30 ओखला इंडस्ट्रियल एरिया, फेज-II
नई दिल्ली
फोन : 011-40712200
ई-मेल : sales@dpb.in
वेबसाइट : www.diamondbook.in

Nai Ummidon Ka Yuvraj : Akhilesh Yadav
by : Avijit Suryavanshi

समर्पण

उत्तर प्रदेश के लोकतांत्रिक इतिहास का अमिट अध्याय लिखने वाले, राज्य के सबसे युवा मुख्यमंत्री श्री अखिलेश यादव के गुरु, नेता, महान पिता और समाजवादी पार्टी के राष्ट्रीय अध्यक्ष श्री मुलायम सिंह यादव जी को समर्पित।

लेखकीय

साइकिल की वापसी

समाजवादी पार्टी द्वारा उत्तर प्रदेश में मतदान पूर्व योजना बनाए जाने के दौरान, जब पार्टी के प्रदेश अध्यक्ष अखिलेश यादव ने एक ऐसे विज्ञापन का सुझाव दिया जिसमें एक फुर्तीला साइकिल सवार एक भारी-भरकम हाथी से आगे निकल जाता है, तो किसी ने सपने में भी यह न सोचा था कि हकीकत में भी उत्तर प्रदेश में बहुत ही जल्दी ऐसा ही होनेवाला है। अंततः उत्तर प्रदेश में जो कुछ भी हुआ, वह समाजवादी पार्टी के महागुरु मुलायम सिंह यादव के बेटे अखिलेश की शर्तिया कामयाब होने वाली राजनीतिक रणनीति का शानदार परिणाम था। अखिलेश यादव रातोंरात देश-भर के युवाओं और दुनिया-भर के लोकतांत्रिक विशेषज्ञों के महानायक बन गये।

बिना किसी फिल्म स्टार की मदद लिये, बिना विरोधियों पर घिनौने आरोप लगाये और बिना किसी प्रकार का नाटक किये अखिलेश यादव ने साबित कर दिया कि लोकतंत्र की बहाली के लिये जहरीली बयानबाजी, नौटंकी, टोटकों और शिगूफों की जरूरत नहीं होती। उन्होंने अथक परिश्रम के बल-बूते उस समाजवादी पार्टी की महाविजय का ऐतिहासिक शिलालेख लिख डाला, जिसके अस्तित्व तक को कुछ राजनीतिक हस्तियां बहुत ही शिद्दत से मिटाने में जुटी हुई थीं। जिस पार्टी को मीडिया तक भाव नहीं दे रहा था। जिसके बारे में समझा जा रहा था कि अब वह उबर नहीं पायेगी।

10 मार्च 2012 को जब संसार के सबसे बड़े लोकतंत्र के सबसे बड़े राज्य के भावी मुख्यमंत्री के तौर पर उनके नाम की घोषणा हुई, उससे पहले ही 38 साल के इस इंजीनियर युवक के पिता की पार्टी न केवल उत्तर प्रदेश में अपनी

विजय पताका लहरा चुकी थी बल्कि अजेय समझी जाने वाली बहुजन समाज पार्टी को चुनावी जंग में मटियामेट करने के साथ ही, बहुत से दिग्गजों को भी चारों खाने चित कर चुकी थी।

आज की तारीख में अखिलेश यादव उत्तर प्रदेश की एक नयी पहचान बन चुके हैं। धोखेबाजों, कृतघ्नों तथा रंग बदलनेवाले मतलबपरस्तों के चक्रव्यूह को छिन्न-भिन्न करने वाले उनके राजनीतिक जेहाद ने ही बेशक सत्ता के राजपथ पर 'साइकिल' (समाजवादी पार्टी के चुनाव चिन्ह) की वापसी को सुनिश्चित किया है।

चुनावी नतीजे आने से बहुत पहले फरवरी महीने की बात है। देर रात 'डायमंड बुक्स' के अध्यक्ष और प्रबन्ध निदेशक नरेन्द्र वर्मा के फोन ने मुझे जगा दिया। अपनी खास शैली में उन्होंने मुझसे कहा, 'अवि, देर रात आपको परेशान किया। माफी चाहता हूं। मुझे अखिलेश यादव पर फौरन ही एक किताब चाहिए। मुझे लगता है कि अखिलेश के बारे में लोगों को ज्यादा-से-ज्यादा जानना चाहिए।' मुझे क्या समस्या हो सकती थी। युवा होने के नाते मुझे हमेशा से ही लगता रहा है कि यदि खेल जगत के नये नायकों, फिल्मों के गायकों, अभिनेताओं और अभिनेत्रियों के बारे में किताबें लिखी जा सकती हैं, तो उत्तर प्रदेश की सियासत के हाथी को चींटी की तरह मसल देनेवाले युवा महारथी पर क्यों नहीं?

उधर फोन पर, नरेंद्र जी अपनी ही रौ में कहे जा रहे थे, 'देश-भर के लोग अपने नेताओं के बारे में जानने को उत्सुक रहते हैं, उनके बारे में ज्यादा जानकारी चाहते हैं और उ.प्र. में तो विधानसभा चुनाव के बाद निश्चित तौर पर अखिलेश महानायक बनने वाले हैं। मैंने प्रदेश में उनकी चुनावी सभाओं, साइकिल रैलियों और क्रांति रथ यात्राओं के अधिकतर समाचारों को ध्यान से देखा है। अखिलेश कमाल के हैं!' मैं उनकी भावनाओं से चमत्कृत था।

बहुत जल्द ही 6 मार्च 2012 को घोषित चुनाव परिणामों ने यह साबित कर दिया कि अधिकतर राजनीतिक विश्लेषकों और मतदान पूर्व आकलन की दुनिया के महापंडितों के विपरीत, नरेंद्र जी एकदम सही थे। उत्तर प्रदेश की 403 विधानसभा सीटों पर हुए चौतरफा मुकाबले में समाजवादी पार्टी

ने भारी अंतर से 224 सीटें हासिल की थीं। रातोंरात अपने परिवार में 'टीपू' कहलाने वाला जूनियर यादव प्रदेश की राजनीति का 'सुल्तान' बन गया। समाजवादी पार्टी की चौंकानेवाली जीत ने हर किसी को स्तब्ध कर दिया था। बेहद रोचक बात है कि न तो नेताजी के नाम से मशहूर मुलायम सिंह यादव और न ही उनके परिवार या पार्टी के किसी अन्य सदस्य ने इस महाविजय के पूर्व अखिलेश को प्रदेश का मुख्यमंत्री बनाये जाने के बारे में सोचा था।

2012 में हुए उत्तर प्रदेश विधानसभा चुनावों में अखिलेश यादव ने सिर्फ जनता का दिल ही नहीं जीता, बल्कि कई मायनों में अपनी पार्टी की छवि को भी सुधारा। पूरे चुनाव अभियान के दौरान उन्होंने हर मौके पर स्पष्ट किया कि उनकी पार्टी आधुनिक विज्ञान, तकनीक, कंप्यूटर तथा प्रौद्योगिकी (टेक्नोलॉजी) के खिलाफ तब तक नहीं है, जब तक कि उसकी वजह से बेरोजगारी न बढ़े। उन्होंने जनता को यह भी विश्वास दिलाया कि सत्ता में आते ही उनकी पार्टी बड़े ही निष्पक्ष तरीके से मुसलमानों, ईसाइयों और सिखों को आरक्षण देगी।

अखिलेश ने हर कदम पर खुद को साबित किया। उन्होंने साबित किया कि वह अपने उम्रदराज होते पिता के न केवल एक वफादार सेनापति हैं, बल्कि उनमें कुशल नेतृत्वकर्ता के कई अन्य गुण भी हैं। इस युवा नेता को पुरानी परंपराओं और तौर-तरीकों का रक्षक और नये जमाने की रणनीतियों का माहिर माना जाता है। वह स्पष्ट तौर पर पुराने और नये दोनों किस्म के विचारों की समझ रखते हैं। उन्होंने समाजवादी पार्टी के ऊपर थोपी गयी गुंडागर्दी की छाप को मिटाने के लिये भी हर स्तर पर कठिन प्रयास किये। एक जनसभा में उन्होंने भीड़ के बीच में कहा, 'सत्ता में आते ही हम, रामगोपाल यादवजी की अध्यक्षता में एक उच्चाधिकार प्राप्त कमेटी बनायेंगे। कोई भी व्यक्ति इस समिति के पास हमारे मंत्रियों, नेताओं, पदाधिकारियों तथा कार्यकर्ताओं के विरुद्ध भी शिकायतें लिखकर भेज सकता है, ई-मेल कर सकता है या फोन पर भी बता सकता है।'

यह अखिलेश के कड़े निर्देशों का ही परिणाम था कि उनकी पार्टी ने ऐसे एक भी व्यक्ति को चुनाव लड़ने का टिकट नहीं दिया, जिसे किसी भी

अदालत ने किसी आपराधिक मामले में दोषी ठहराया हो, यहां तक कि उन्होने 35-40 टिकट तो केवल युवाओं और महिलाओं को ही बंटवाये थे। बहुत जल्द ही हर किसी ने यह जान लिया कि उत्तर प्रदेश में निश्चित तौर पर बदलाव की हवा बहनेवाली है। समाज का प्रत्येक वर्ग यह अनुभव करने लगा था कि यदि समाजवादी पार्टी को एक मौका दिया गया तो वह निश्चित तौर पर प्रदेश में खुलेआम बेईमानी, तानाशाही, मनमानी और बेशर्मी की सारी हदें पार करके अपनी खुद की मूर्तियां लगाने तथा अंधाधुंध बेतुके निर्माण कार्य करानेवाली लूट-खसोट पार्टी का सफाया करके बड़ी विजय हासिल करेगी।

बदलाव की दुआओं के साथ, उम्मीदों की आस में चमकती नम आंखों से के बीच, हर कोई उत्तर प्रदेश में एक सार्थक सत्ता परिवर्तन की राह देख रहा था। ऐसे बेशुमार लोग अखिलेश की सभाओं, रैलियों और यात्राओं में उनका हौसला बढ़ाने हजारों की संख्या में जमा हो जाते थे। अखिलेश की विजय वास्तव में समाजवादी पार्टी के वरिष्ठ और युवा नेताओं, अनुभवी सलाहकारों, सहयोगियों, योजनाकारों, कार्यकर्ताओं और समाजवादी स्वप्नदर्शियों के सामूहिक प्रयासों का ही नतीजा थी।

यह पुस्तक उन नयी उम्मीदों के बारे में है, जो अखिलेश यादव के नेतृत्व से जगी हैं। उन सपनों के बारे में है, जिन्हें उन्होंने अपने राजनीतिक व्यक्तित्व के जादू से रचा है। यह पुस्तक उन संभावनाओं का प्रकाश स्तंभ है जिसे बेशक एक युवा नेता की अपार ऊर्जा ही रौशन रख सकती है। यह पुस्तक एक प्रकार से अखिलेश यादव पर एक अनौपचारिक दस्तावेज है। अखिलेश यादव, उनके पिता मुलायम सिंह यादव और समाजवादी पार्टी ने प्रदेश में महज एक चुनाव ही नहीं जीता बल्कि उन्होंने अपने निर्मम विरोधियों को उसी अंदाज में रगड़कर, मसलकर और पटक-पटककर धो डाला है, जैसी कोशिशें वे सभी मिलकर हर मोर्चे पर कर रहे थे। इस जीत ने एक साफ-सुथरी सरकार, बेहतर जनकल्याण और प्रत्येक व्यक्ति को न्याय की आशा को पुनर्जागृत किया है। मतदाताओं ने यह भरोसा जताया है कि समाजवादी पार्टी इस लंगड़ाते राज्य के भाग्य को हमेशा-हमेशा के लिए बदल देगी।

सबसे पहले, मैं अपने प्रकाशक और 'डायमंड बुक्स' के अध्यक्ष और प्रबन्ध निदेशक नरेन्द्र वर्मा, डायमंड बुक्स के निदेशकद्वय मनीष वर्मा तथा अंकुर वर्मा का आभार प्रकट करना चाहूंगा, जिन्होंने अंग्रेजी संस्करण के बाद हिंदी में नये सिरे से एक पुस्तक की योजना बनाई। डायमंड समूह के खासमखास और बेस्टसेलिंग नानफिक्शन लेखक अशोक कुमार शर्मा ने बहुत ही नफासत से इस पुस्तक का नये सिरे से संपादन करके इसका कायापलट ही कर दिया।

अखिलेश जी के जीवन के हर पहलू से जुड़े संदर्भों, ऑनलाइन न्यूज, वीडियो व इंटरनेट स्रोतों के अलावा, कई लोगों ने इस कार्य में भी मेरी सहायता व मार्गदर्शन किया। उनमें मेरी माता तथा प्रसिद्ध कथाकार चित्र सिंह जी का योगदान सर्वोपरि है। अधिकतर स्थानों पर मैंने पुस्तक में प्रयुक्त स्रोतों का उल्लेख बहुत ही स्पष्ट रूप से किया है, फिर भी संभावना है कि किसी जगह पुस्तक का प्रवाह बनाये रखने के दौरान संपादन स्तर पर हुई काट-छांट में किसी स्रोत का उल्लेख कट गया या हट गया हो तो उसके लिये मैं अग्रिम क्षमाप्रार्थी हूं। यदि ऐसा कोई भी मामला संज्ञान में आता है, तो उसको तत्काल ही अगले संस्करण में प्रमुखता से सुधार दिया जायेगा। यह पुस्तक बहुत ही कम समय में और अत्यंत जल्दी में लिखी गई है, इसलिए मैं इन स्रोतों को सूचीबद्ध करने में स्वयं को फिलहाल अक्षम महसूस करता हूं। आगामी संस्करणों में यह संदर्भ भी दिये जायेंगे।

खासतौर पर मैं मीडियाकर्मियों का आभारी हूं, चाहे उन्होंने अखिलेश जी के बारे में कुछ भी दिखाया, सुनाया और बताया हो, परंतु हर जानकारी मेरे काम आयी। देश की सबसे बड़ी स्वतंत्र न्यूजवायर एजेंसी इंडो-एशियन न्यूज सर्विस (आई ए एन एस) के एसोसिएट एडिटर और अंग्रेजी पत्रकार मोहित दुबे हमारे अग्रजों में हैं तथा मुलायम सिंह यादव जी के बहुत निकट भी। उन्होंने इस पुस्तक के लेखन के दौरान अखिलेश जी के बारे में कई ऐसी अनुसनी और नई बातें बताईं, जो बिरले ही जानते होंगे। अंग्रेजी में तो इस पुस्तक के कुछ अंशों में मोहित जी का योगदान भी रहा।

इस पुस्तक के फोटोग्राफ्स मोहित जी ने www.live18.in ऑनलाइन प्रेस ऑफ इंडिया के युवा फोटोग्राफर रविन्द्र थापा की मदद से उपलब्ध कराये। श्री थापा का भी यह योगदान केवल व्यावसायिक नहीं माना जा

सकता। यह पुस्तक कई मामलों में बुजुर्ग लेखक श्री यज्ञदत्त शर्मा के साथ तैयार की गयी मेरी पहली पुस्तक 'द लार्ड ऑफ न्यू होप्स : अखिलेश यादव' से प्रेरित ज़रूर है, मगर वास्तव में एक अनुवादित पुस्तक न होकर एक स्वतंत्र रचना है। इसको मौलिकता, रोचकता तथा भाषागत प्रवाह देने में बहुत मेहनत की गयी है।

–अविजित सूर्यवंशी

मकान संख्या : 533-534,
सेक्टर 12, इंदिरा नगर
लखनऊ-226016.

विषय सूची

1

लोकतंत्र का नायक

फिल्मी दुनिया में माना जाता है कि कोई भी सही तथा उपयुक्त पटकथा बॉक्स ऑफिस पर धमाल मचा सकती है। खासतौर पर युवाओं की समस्याओं, सपनों, आक्रोश और आकांक्षाओं पर एक के बाद एक सुपरहिट फिल्में देनेवाले विख्यात निर्देशक एन. चंद्रा कहते हैं, 'जब भी कोई युवा व्यवस्था को पलटने के लिये कदम उठाता है, पूरा समाज अंततः उसके पीछे हो जाता है। इसी सफर का नतीजा होती है एक सुपरहिट कहानी।'

एक और टीपू सुल्तान की कहानी
(सौजन्य : डेक्कन क्रॉनिकल)

देश के सबसे घनी आबादी वाले राज्य उत्तर प्रदेश में घटते राजनीतिक घटनाचक्र का यदि सिंहावलोकन करें और इसी परिप्रेक्ष्य में प्रदेश के 33वें मुख्यमंत्री अखिलेश यादव की ताजपोशी का जायजा लें तो आप पायेंगे कि वे राज्य में हुकूमत करनेवाले हालिया पूर्ववर्ती शासकों से व्यावसायिक तौर पर

कहीं अधिक योग्य हैं और वर्तमान में देश के सर्वाधिक प्रशंसनीय 'यूथ आइकॉन' (युवा प्रेरणा) हैं। सुपरहिट फिल्मों के बारे में एन. चंद्रा की परिभाषा के अनुसार, 'अखिलेश की कहानी में बॉक्स ऑफिस के सभी रिकार्डतोड़नेवाली किसी फिल्म के सभी मसाले मौजूद हैं। मौका लगते ही मैं इस विषय पर युवा पीढ़ी के लिये एक यादगार फिल्म बनाऊंगा।'

वाकई अखिलेश की कामयाबी की कहानी है भी ऐसी ही प्रेरक और चमत्कारी।

यह कहानी सफल व्यक्तियों के एक ऐसे संयुक्त परिवार में जन्म लेती है, जिसका मुखिया एक अत्यंत लोकप्रिय स्कूल शिक्षक है, जो एक अत्यंत विख्यात राजनेता बन चुका है। इस परिवार की कहानी विकास और उतार-चढ़ाव के इर्द-गिर्द घूमती है, जो उस अध्यापक-राजनेता को बहुत ऊंचाई पर ले जाता है। बीच रास्ते में आये एक मोड़ पर उस महान शिक्षक राजनेता की कामयाब राजनीतिक पार्टी को नाटकीय ढंग से पराजय का मुंह देखना पड़ता है। तब उसके राजनीतिक विरोधी उसे पूरी तरह से मिटाने की योजना बनाते हैं। बुजुर्ग होते अध्यापक-राजनेता को उस समय एक और धक्का लगता है, जब उसके दो पुराने झंडाबरदार अपना असली रंग दिखाना शुरू कर देते हैं। उस पर एक के बाद एक कई हमले होते हैं। उसे मुकदमों में फंसाया जाता है। कहानी के मध्य तक उस शिक्षक-राजनेता के बड़े संयुक्त परिवार में किसी में भी इतनी ऊर्जा नहीं बची है कि वह सियासी कामयाबियों के पुराने दौर को वापस लौटा सके।

इस बीच एक अमीर शहरी खानदान का एक युवा राजनीतिज्ञ अचानक लोगों के आकर्षण का केंद्र बनता जाता है। वह अपनी सोची-समझी रणनीति के अंतर्गत गरीबों के घर जाता है। वहां खाना खाता और समय बिताता है। वह अपने भाषणों में न केवल अपने विरोधियों पर बार-बार और कठोर हमले करते हुए, उन सबको बचाव की मुद्रा में ला खड़ा करता है बल्कि हर राजनीतिक विरोधी के काम और तौर-तरीकों में ऐसे अनदेखे और अनसुने नुख्स निकालता है कि जनता भी भ्रमित होने लगती है। इस युवा नेता का निशाना मुख्यतौर पर यही अध्यापक-राजनेता और उसका परिवार होता है। यह देखकर उस परिवार के अन्य विरोधी भी इस युवा नेता से हाथ मिलाकर उसके सुर-में-सुर मिलाने लगते हैं तथा सभी मिलकर अध्यापक राजनेता और उसके परिवार को ही निशाना

बनाने में जुट जाते हैं। ऐसा लगता है कि उस अध्यापक-राजनेता का खेल खत्म हो चुका है और इन हमलों के आगे उसकी पार्टी भी जल्दी ही पूरी तरह से खत्म हो जायेगी।

उधर बुजुर्ग स्कूल शिक्षक का बड़ा बेटा विदेश से इंजीनियरिंग की डिग्री हासिल करने के बाद, उसी लड़की से अंतर्जातीय विवाह कर लेता है जिसे वह लंबे समय से चाहता था। उसे अपने पिता की पार्टी में कोई ओहदा या हैसियत हासिल करने में कोई रुचि नहीं है, किंतु फिर भी वह अपने पिता को इस तरह से दरकिनार किये जाने पर बहुत नाखुश है। इसलिए कभी-कभी वह अपने पिता की सहायता भी करता है। इस मोड़ पर अध्यापक-राजनेता एक बड़ा फैसला लेता है। वह अपने बेटे पर विश्वास कर उसे अपनी पार्टी का अध्यक्ष बना देता है और जनसमर्थन हासिल करने व चुनाव जीतने काम सौंपता है।

अब इंजीनियर युवक के सामने चुनौतियों का एक बड़ा सैलाब है। वह देश में नदी-नालों और भूमि का प्रदूषण दूर करने की मशीनें बनाना चाहता है। एक तरफ उसके अपने सपने हैं और दूसरी तरफ पिता द्वारा सौंपी गई जिम्मेदारियां। अंतर्द्वन्द्व में जीत भावनाओं की होती है। वह अपने भरोसेमंद दोस्तों की मदद से एक निर्णायक राजनीतिक धर्मयुद्ध लड़ने का फैसला करता है और उसके हौसले से प्रभावित लोग भी एक-एक करके उसके साथ आते-जाते हैं। अंततः उसकी जीत होती है और उसके पिता के विरोधी तक उसके शुभचिंतक बन जाते हैं। उसके पिता की पार्टी प्रचंड बहुमत से सत्ता में वापस आ जाती है। इससे उसका बीमार हो चला पिता भी फिर से उठ खड़ा होता है और नये संघर्ष के लिये कमर कस लेता है।

ठीक इसी ही तरह, उत्तर प्रदेश की राजनीति में अखिलेश यादव की जिंदगी एक पटकथा बन गयी। अनेक ऐतिहासिक कार्य करनेवाली नेताजी (मुलायम सिंह यादव) की समाजवादी पार्टी की हैरतअंगेज़ हार के जिम्मेदार लोगों ने, उन्हें जीवन के 72वें वर्ष में सबसे कठिन और सबसे महत्त्वपूर्ण राजनीतिक व व्यक्तिगत निर्णय लेने को विवश किया। उनकी पार्टी, जिसे उन्होंने दो दशक से भी ज्यादा समय तक संपूर्णता प्रदान की थी, राजनीतिक पलायन, दोस्तों की दग़ाबाज़ी और लालच, कुछ सहयोगी नेताओं की व्यक्तिगत महत्त्वाकांक्षाओं और लगातार उलटती-पलटती चुनावी परिस्थितियों के कारण लड़खड़ा रही थी। प्रदेश

के मुख्यमंत्री के तौर पर लगभग चार वर्षों बाद, उनकी धुर विरोधी मायावती ने उन्हें पटखनी देने में कामयाबी पाई थी और उसी माहौल में खुद उनके कुछ करीबी सहायक भी साथ छोड़ गये।

राम जन्मभूमि आंदोलन के दिनों के बाद संभवतः पहली बार इटावा के इस पहलवान-शिक्षक को उनके अपनों ने ही अर्श से फर्श पर ला खड़ा किया था और वे उन्हें आखिरी तौर पर नेस्तनाबूद करने में जुटे हुए थे। जब यह मजबूत पहलवान-शिक्षक अपनी हार व अकेलेपन के साथ जीना सीखने लगा था, तो पिछले 14 सालों से अधिक समय से उनके साथ रहे, उनके सबसे विश्वासपात्र सहयोगी अमर सिंह ने आपसी गलतफहमियों के कारण, उनके खिलाफ आग और जहर उगलना शुरू कर दिया। फिरोजाबाद उपचुनावों में अपनी बहू की अपमानजनक हार के बाद पिता-पुत्र दोनों ने ही इस शर्मनाक और निराशाजनक स्थिति से निकलने का फैसला किया।

इस तूफान में मुलायम सिंह यादव को आखिरकार अपना खून ही सबसे ज़्यादा भरोसेमंद नज़र आया। अपनी तूफानी कार्यशैली के लिये मशहूर और नफा-नुकसान की बिना सोचे जनहित में निडर फैसले लेनेवाले नेताजी ने अंततः अपने काबिल बेटे अखिलेश यादव को ही समाजवादी पार्टी की बागडोर सौंपने तथा प्रदेश अध्यक्ष बनाने का फैसला ले ही लिया। उनके परिवार के कुछ लोगों को हालांकि नेताजी के इस फैसले पर ऐतराज भी था, मगर अंततः इस विरोध को किसी ने तूल नहीं दिया।

तब कोई नहीं जानता था कि यदुवंश के जिस सबसे अनिच्छुक व्यक्ति ने समाजवादी पार्टी के अध्यक्ष पद को अनिच्छापूर्वक स्वीकार किया था, वह ही लगभग दो वर्ष बाद प्रदेश का सबसे युवा मुख्यमंत्री बन जायेगा और प्रदेश की राजनीति में एक अमिट अध्याय लिखेगा, जिसकी परिणति देश की राजनीति में उसके पिता को बहुत ऊंचाइयों पर ले जायेगी।

2

पिता का सेनापति

भारतीय उपमहाद्वीप के इस भू-भाग में पिता-पुत्र के संबंधों ने सदैव ही सबका ध्यान आकर्षित किया है। मुगल बादशाहों–अकबर-सलीम के दिनों से लेकर राजीव गांधी-राहुल गांधी के संबंधों तक, हम भारतीय वर्षों तक उस विषय पर लट्टू होते रहे हैं, जो मुख्य तौर पर किसी के भी जीवन में नितांत व्यक्तिगत मुद्दा होता है। हालांकि सार्वजनिक जीवन में किसी के लिये बहुत थोड़ी प्राथमिकताएं शेष रह जाती हैं, हर रिश्ते की सीमाएं होने के कारण आमतौर पर इस निजी क्षेत्र की व्यापकता का बहुत विस्तार होता जाता है।

अखिलेश अपने गुरु, नेता और पिता मुलायम सिंह यादव के साथ

समाजवादी पार्टी के मुखिया मुलायम सिंह यादव तथा उनके मुख्यमंत्री बेटे अखिलेश यादव के बीच किस प्रकार के संबंध हैं, इस बारे में निश्चित रूप से बहुत ज्यादा कोई नहीं जानता। इस घनिष्ठ रिश्ते

के जितने रूप दिखने में आते हैं, संभवतः उसके अलावा भी अनेक रूप होंगें, जो बाद में समाज के सामने आते रहेंगे, परंतु इस अध्याय में हम बाप-बेटे के बारे में आसानी से उपलब्ध जानकारियों को ही पेश करेंगे।

वस्तुतः नेताजी के रूप में प्रसिद्ध मुलायम सिंह यादव, वाकई व्यापक अर्थों में जमीन से जुड़े व्यक्ति हैं। उनके साथी, सहयोगी और आलोचक भी उन्हें धरती पुत्र ही कहते हैं। नेताजी को यह अच्छा भी लगता है।

पूरी उम्र मुलायम सिंह यादव दिन-रात काम करनेवाले ढर्रे, खांटी समाजवादी सोच, खानपान और वेशभूषा के मामले में अपनी देसी शैली के नजरिये से ही गांव, किसान, मजदूर, छात्रों और वर्दीवाले बलों के जवानों के जीवन के ज्यादा निकट बने रहे हैं। बनावट न उनकी सोच में है और न शैली में। वह सियासत की महीन-से-महीन साजिशों को बखूबी पढ़ने की महारत रखते हैं, मगर अपने नाम के मुताबिक बेहद नरम दिल नेताजी अपने दोस्तों की नीयत में खोट को पढ़ने की कोशिश ही नहीं करते।

नरम दिल नेताजी के व्यक्तित्व के भावुक आयाम का उनकी पार्टी के कार्यकर्ताओं और कई नेताओं ने इतनी गैर-जिम्मेदारी से फायदा उठाया है कि समाजवादी पार्टी का अस्तित्व ही दांव पर लग गया था।

अखिलेश यादव की सोच इस मामले में अपने महान पिता से एकदम जुदा है। अनुशासनहीनता उन्हें किसी भी कीमत पर बर्दाश्त नहीं। किसी भी खता-वार को वह अपने पिता के प्रतिकूल बिना ठोस कारण, आसानी और नरमी से माफ करने के पक्षधर हैं ही नहीं।

आकर्षक और सरल व्यक्तित्व के स्वामी इस युवक का दिमाग़ किसी भी व्यक्ति को बखूबी पढ़ सकता है। एक सैन्य स्कूल के छात्र होने के नाते उनके व्यक्तित्व में स्वाभाविक अनुशासन है। वह दूसरों से उम्मीद करने से पहले खुद को ही कड़ी परीक्षाओं में बार-बार परखने में संकोच नहीं करते।

अखिलेश भी अपने पिता की तरह छात्रों, युवाओं, बेरोजगारों, गांवों, गरीबों और महिलाओं के हक की बात करते हैं। ज़िंदादिल अखिलेश सक्रिय राजनीति में आने से पहले अपनी पत्नी डिम्पल के साथ एक दशक देश-विदेश में महत्त्वपूर्ण स्थानों की यात्रा कर चुके हैं। अपने कर्मठ पिता की ही तरह अखिलेश भी मोटापे और सुस्ती से चिढ़ते हैं। 'फिटनेस' के शौकीन अखिलेश

को हर तरह के व्यायाम में दिलचस्पी है। अदरकयुक्त चाय के अतिरिक्त उन्हें अपने घरेलू मवेशियों के दूध से बने छाछ में देशी घी और जीरा का तड़का लगवाकर उसकी चुस्कियां लेना भी पसंद है। मेहमाननबाजी पिता को भी भाती है और पुत्र को भी। अखिलेश को फोटोग्राफी और ड्राइविंग का भी शौक है। पिता मुलायम सिंह ने 35 साल पहले ही मोटर साइकिल तथा जीप चलानी छोड़ दी।

इन दोनों शक्तिशाली व्यक्तियों से जुड़े कम ही लोग जानते हैं कि पिता यादव स्वविवेकी पुरुष हैं और यदि उन्हें अपने बेटे के विचार भी सही नहीं लगे तो वह उन्हें अस्वीकार करने में ज़रा भी देर नहीं लगाते। बेटा भी अपने पिता की भांति ही है।

नेताजी की तरह अखिलेश भी निरभिमानी व्यक्ति हैं। वह किसी भी मामले में फूंक-फूंककर ही कदम बढ़ाते हैं। हर छोटी बड़ी समस्या में उनके पिता ही उन्हें समझाते हैं कि बड़े लोगों से सलाह लिया करो और अखिलेश को इसमें कभी असुविधा नहीं होती। नेताजी से ही उन्होंने सामाजिक बने रहने, जमीनी कार्यकर्ताओं के संपक्र में रहने और आम जनता के हितों की सोच पाई है। जनता के लिये जो जज़्बा मुलायम सिंह यादव के दिल में हिलोरें मारता है, वही अखिलेश के दिल में भी हू-ब-हू कायम है।

उत्तर प्रदेश के मुख्यमंत्री बनने के कुछ ही घंटों के भीतर अखिलेश ने अपने सरकारी आवास के दरवाजे आम जनता के लिये खुलवा दिये थे। मायावती जब मुख्यमंत्री थीं, तब उन्होंने अपने सरकारी आवास 5, कालिदास मार्ग के सामनेवाली सड़क को आम जनता के आवागमन के लिये निषिद्ध कर दिया था। उस सड़क पर छोटे-मोटे अधिकारियों तक को जाने के लिये इजाजत लेनी पड़ती थी। दशहरे के दिन, मायावती के घर के पास स्थित गोल्फ क्लब में रावण दहन का कार्यक्रम तक 'सुरक्षा कारणों' से रोक दिया गया था, यद्यपि उस कार्यक्रम के कार्ड बंट चुके थे और वहां हजारों लोग पहुंच चुके थे।

मुख्यमंत्री बनते ही अखिलेश यादव ने अपने सरकारी आवास 5, कालिदास मार्ग के सामनेवाली सड़क को न केवल आम आवागमन के लिये फिर से खोल दिया बल्कि उन्होंने पूर्व मुख्यमंत्री द्वारा आम जनता की शिकायतें सुनने का पांच साल से स्थगित सिलसिला भी फौरन चालू करा दिया। उनके प्रथम जनता दरबार में 25

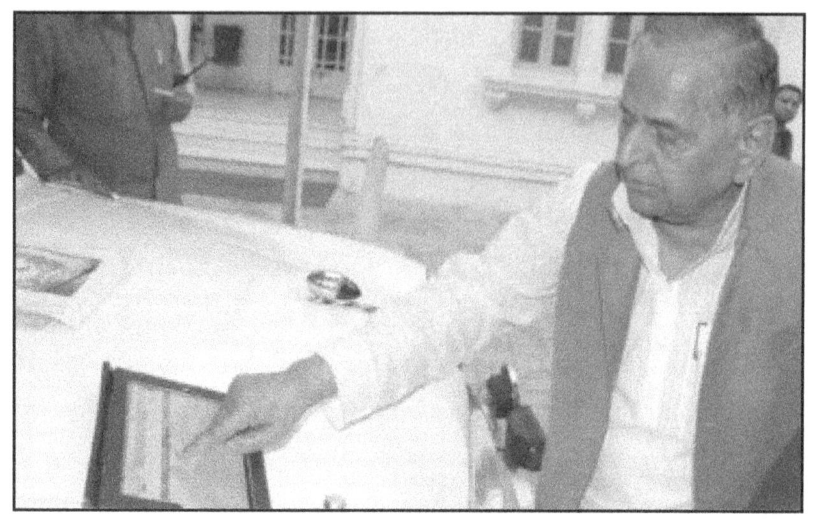

टैबलेट पीसी पर चुनाव संबंधी आंकड़ों की जांच करते हुए मुलायम सिंह यादव

हजार लोगों की भीड़ उमड़ पड़ी थी। उसी दिन उन्होंने हर फरियादी के आवेदन और शिकायती पत्र पर कार्रवाई कराई।

बतौर मुख्यमंत्री अखिलेश यादव के पहले माह के कार्यकाल में ही यह स्पष्ट नजर आ रहा था कि उन्होंने ने यह गुण भी अपने पिता से ही पाया है। अपने पिता की ही तरह वह भी भीड़ में अपने पुराने मित्रों, ग्रामीणों, पार्टी कार्यकर्ताओं और पत्रकारों को पहचानकर उनकी ओर दौड़ पड़ते हैं, सुरक्षाकर्मी जब भीड़ पर सख्ती करने की कोशिश करते हैं, तो वह फौरन आवेश में आ जाते हैं। अपने मातहतों से निश्चल स्नेह, सहयोगियों पर भरोसा, हाथोंहाथ फैसले लेना, ज़रूरतमंदों की मदद करना और सामान्य बने रहना भी उन्होंने अपने पिता से ही पाया है।

राज्य में विधानसभा चुनावों के प्रचार अभियान के दौरान जब अखिलेश अपने समाजवादी क्रांति रथ पर चल रहे थे, तब ज़्यादातर लोगों को उनमें युवा मुलायम सिंह यादव की छवि नज़र आती थी। वह सुरक्षा जोखिमों की परवाह किये बिना भीड़ में मिल जाते थे। बच्चों को देखकर हाथ हिलाने, युवाओं से हाथ मिलाने, खासतौर से महिलाओं को प्रणाम करने और बुजुर्गों का आशीर्वाद लेने में वह रत्ती-भर संकोच नहीं करते थे। देखते-देखते ही वह सबके 'भैया' बन

गये। लोकप्रियता की सारी हदें पार करके यकायक ही पूरे उत्तर प्रदेश के मतदाताओं की आंखों का तारा बन गये।

सियासी हालात भांपने और अपनी मर्जी से उनकी दशा तथा दिशा बदलने की महारत के मामले में अपने शिक्षक पिता के मुकाबले अखिलेश अभी एक विद्यार्थी ही हैं। उदार मुलायम सिंह यादव एक ठेठ समाजवादी रहे हैं, किंतु उनके बेटे अखिलेश के उभरने के बाद उनकी पार्टी में कई पुराने रंग उभरकर सामने आये। यद्यपि समाजवादी पार्टी में मुलायम सिंह यादव वोट खींचने वाले मुख्य चुंबक और प्रमुख चेहरा थे और हैं, परंतु पिछले दिनों जब पार्टी के प्रदेश अध्यक्ष अखिलेश यादव के नेतृत्व में चुनावों के लिये ज़रूरी हेतु बदलाव की राजनीतिक रणनीति तैयार की जा रही थी, तो जनता की नब्ज भांपने में माहिर मुलायम सिंह ने कोई चूक नहीं की। उन्होंने खुद अपने बेटे को पार्टी में बदलाव का ध्वज बना दिया।

बदली रणनीति और हालातों में कन्नौज से संसद सदस्य रहे, अखिलेश ने पार्टी में प्रदेश स्तर पर अपने पिता की भूमिका बहुत ही काबिलीयत से निभायी। जमीनी स्तर पर प्रदेश के मतदान केंद्रों तक पहुंचकर मतदान बूथों के प्रबंधन, उम्मीदवारों की आवश्यकताओं को पूरा करने, उम्मीदवारों के विरुद्ध पार्टी कार्यकर्ताओं की

अखिलेश : अपनी पार्टी के सफल सेनापति

शिकायतों को गंभीरता से अविलंब सुनने तथा उन्हें निपटाने, विधानसभा सीटों से फीडबैक लेने तथा मीडिया से संबंधित मामलों को संतुलित ढंग से संभालने समेत आदि सभी संवेदनशील मुद्दों पर उन्होंने बहुत तेज़ी व सूझबूझ दिखाई। तकनीकी कौशल में पारंगत अखिलेश ने यह सब अपने द्वारा स्थापित एक नेटवर्क के माध्यम से किया ताकि जमीनी स्तर से जुड़ी व अन्य सभी स्तरों की कोई भी सूचना उन तक पहुंच सके। इस मामले में अखिलेश अपने पिता से एकदम भिन्न रहे।

उनके पिता मुलायम सिंह पारंपरिक कार्य पद्धति से काम लेते-करते रहे हैं। वह आमतौर पर लखनऊ के विक्रमादित्य मार्ग पर स्थित समाजवादी पार्टी कार्यालय में नियमित रूप से आनेवाले पार्टी कार्यकर्ताओं के साथ घास के मैदान में ही बैठते और निचले स्तर पर प्रदेश में जो कुछ भी हो रहा होता था, उसकी जानकारी हासिल किया करते थे। पार्टी के एक पुराने अधिकारी के अनुसार, 'नेताजी जब कार्यालय परिसर में पार्टी कार्यकर्ताओं की भीड़ नहीं देखते थे, तो बहुत विचलित हो जाते थे।' अपने पिता की तुलना में उनके लाडले अखिलेश सिर्फ कार्यालय में बैठकर विचार-विमर्श करना पसंद नहीं करते थे। पार्टी के एक पुराने वफादार नेता ने स्पष्ट किया, 'कार्यकर्ताओं से प्रतिक्रियाएं जानने का अखिलेशजी का अपना अलग तरीका है। उनकी टीम के सदस्य अपने जमीनी स्तर के कार्यकर्ताओं के साथ फोन और ईमेल के जरिए निरंतर संपर्क में रहते थे। वे सीधे कार्यस्थलों से ही सभी सूचनाएं एकत्र करते थे।'

एक अन्य सूचना के मुताबिक, अखिलेश ने विक्रमादित्य मार्ग पर पार्टी कार्यालय से कुछ दूर स्थित लोहिया ट्रस्ट कार्यालय में ही चौबीसों घंटे कार्यरत एक नियंत्रण कक्ष स्थापित किया। युवा कर्मचारियों की एक टीम इस नियंत्रण कक्ष का संचालन करती थी और चुनाव मैदान से एकत्र प्रतिक्रियाओं का विश्लेषण भी करती थी। अखिलेश के नियंत्रण कक्ष में अधिकतर कार्यकर्ता उनके करीबी मित्र थे, जिनमें से कुछ तो विदेश में पढ़े-लिखे हैं।

अखिलेश किसी की भी सूचना, शिकायत या सुझाव पर आंखें बंद करके यकीन नहीं करते। हर जानकारी को वह परखते हैं। उनके पिता अपने कार्यकर्ताओं और नेताओं द्वारा दी जाने वाली ज्यादातर सूचनाओं पर यकीन कर लेते थे, जबकि अखिलेश जरा-सा भी संदेह होने पर सूचनाओं की जांच अवश्य करते हैं।

चुनावी महायुद्ध में अखिलेश का प्रमुख हथियार उनका नियंत्रण कक्ष ही था। पार्टी के एक अन्य स्रोत के मुताबिक, 'चुनावों के समय अखिलेश ने जो नियंत्रण कक्ष स्थापित किया था, वह आज भी, चौबीसों घंटे बतौर एक कॉल सेंटर काम करता है, आपको संदेह हो तो केवल 0522-2235818 डायल कीजिए और इस नंबर पर आपको कभी भी (बिज़ी टोन) व्यस्त रहने की घंटी सुनाई नहीं देगी। हमारे यहां 30 लाइनें हैं और यहां काम करने वाली टीम एक बार में 30 कॉल्स तो निपटा सकती है। पार्टी कार्यालय में ऐसी व्यवस्था हमने किसी भी चुनाव में नहीं देखी।''

अपने साथियों और सहयोगियों पर लाख भरोसे के बावजूद अखिलेश आंख मूंदकर जोखिम नहीं लेते। चुनावों में तो वह हर कदम ठोक-बजाकर ही उठा रहे थे। चुनावों के दौरान, उनका कंट्रोल रूम मुख्यतः यह जांच भी करता था कि प्राप्त होनेवाली सूचनाएं कितनी सही थीं। उदाहरण के लिए, समाजवादी उम्मीदवारों ने पार्टी कार्यालय को कार्यकर्ताओं की एक सूची सौंपी थी, उस सूची के हरेक सदस्य के बारे में पक्की जानकारी जुटाई गयी, ताकि चुनावों में विरोधी दलों का कोई भेदिया, अवांछित-असामाजिक तत्त्व या कामचोर लोग पार्टी को नुकसान न पहुंचा सके।

तकनीक के इस्तेमाल के मामले में अखिलेश अपने पिता से एकदम अलग ही नहीं बल्कि अनोखे भी हैं। उन्होने तकनीक का इस्तेमाल जनता का भरोसा जीतने में भी किया और रणनीति बनाने में भी। नियंत्रण कक्ष के एक वरिष्ठ कर्मचारी ने खुलासा किया, 'पुरबा और मढ़ियाओं (गावों के भागों) के अलावा उ.प्र. में लगभग 55,000 गांव हैं। अगर किसी गांव में महज पांच बूथ कमेटी सदस्य भी कार्यरत बताये गये, तो भी हमारे नियंत्रण कक्ष ने उनसे संपर्क अवश्य किया और इस बात की तस्दीक की कि उनमें से हर एक सदस्य अपनी तैनाती की जगह बाकायदा मौजूद था। नतीजतन किसी ने भी, किसी भी क्षेत्र में समाजवादी पार्टी की भावी नीतियों की गलत तस्वीर पेश नहीं की। अखिलेश भैया बूथ कमेटी के सदस्यों तक से खुद बात करते थे। यदि कहीं भी कोई गंभीर शिकायत का मामला होता था, तो भैया जी को तुरंत आवश्यक संदेश पहुंच जाता था और वह उसके खिलाफ सुनिश्चित कार्यवाही करते थे।'

इसी नियंत्रण कक्ष ने अखिलेश को टीवी समाचारों के साथ लगातार बने रहने में काफी मदद की। एक कार्यकर्ता के मुताबिक, 'हमारी टीम टेलीविजन

समाचारों के भी जरूरी विजुअल्स रिकार्ड करती थी, हममें से ही कोई उत्तरदायी व्यक्ति अपनी पारी के मुताबिक संबंधित समाचारों का सार तैयार करके, उसे अखिलेश भैया के मोबाइल फोन पर भेजता रहता था।'

इसी सूत्र ने समाजवादी पार्टी के राष्ट्रीय प्रवक्ता पद से राज्य सभा सदस्य मोहन सिंह को हटाये जाने का उदाहरण देते हुए बताया कि समाजवादी पार्टी की नीतियों के खिलाफ, मोहन सिंह ने मीडिया की मौजूदगी में, पार्टी में माफिया डॉन डी.पी. यादव के आने का जोरदार समर्थन किया, जबकि अखिलेश पहले ही इसके विरोध में बोल चुके थे। जब यह खबर टीवी पर आयी तो अखिलेश एक चुनावी बैठक में थे। उन्हें इस प्रकरण की जानकारी पहले एसएमएस पर दी गयी। इसके बाद उसी टीवी समाचार के उन्हें तीन छोटे-छोटे एमएमएस (ऐसे मोबाइल संदेश जिनमें वीडियो और आवाज़ दोनों होती है) भेजे गये। तुरंत ही अखिलेश भैया हरकत में आ गये। इसके बाद, बयान देनेवालों का जो अंजाम हुआ, वह हर किसी ने देखा।

अपने पिता की ही तरह अखिलेश पार्टी उम्मीदवारों से खुद मिलना और उनकी मानसिकता समझने में यकीन रखते हैं। जून 2009 में राज्य इकाई की कमान अपने हाथों में लेने के तुरंत बाद ही, उन्होंने चुनावी टिकट के इच्छुक प्रत्याशियों के साक्षात्कार लिये। एक वरिष्ठ नेता ने बताया, 'इसमें ऐसे सीनियर लीडरों को भी बाहर का रास्ता दिखा दिया गया, जिनके व्यक्तिगत संबंध उनके पिता के साथ भी थे। अखिलेश ने साफ कर दिया कि केवल वही 2012 में होनेवाले चुनावों के संबंध में पार्टी चुनाव की रणनीति निर्धारित करेंगे। उन्होंने इच्छुक उम्मीदवारों के बीच सामूहिक चर्चा के जरिये भी यह जाना कि कौन कितने पानी में है।'

मुलायम सिंह यादव अपने पार्टी उम्मीदवारों द्वारा अपनाई जानेवाली रणनीतियों और उनकी बयानबाज़ी में न तो कोई दखलंदाजी करते थे और न उनकी सभाओं, दौरों तथा क्षेत्र में जन प्रतिक्रियाओं के आंकड़ों का विश्लेषण कराते थे। उनके विपरीत अखिलेश अपने उम्मीदवारों द्वारा चुनाव प्रचार चालू किये जाने से काफी पहले ही निर्देश जारी कर चुके थे कि प्रचार अभियान किन सिद्धांतों पर चलेगा। उन्होंने निर्णय लिया कि पार्टी के प्रत्येक उम्मीदवार और कार्यकर्ता को किसी भी विरोधी की अभद्र तथा सीधी आलोचना से बचना होगा। कहीं भी मतदाताओं को शराब, धन और अन्य प्रकार का कोई लालच नहीं दिया जायेगा। किसी भी उम्मीदवार या नेता के कहीं जाने पर

सार्वजनिक अस्त्र-शस्त्र या बाहुबल का प्रदर्शन नहीं होगा। कोई भी कार्यकर्ता सार्वजनिक स्थलों पर अमर्यादित व्यवहार करने पर पार्टी से निकाल दिया जायेगा। पार्टी में अनुशासन का यह वातावरण कभी भी इतनी कड़ाई के साथ नहीं बनाया गया था। एक बात ज़रूर थी कि अखिलेश के हर फैसले पर उनके पिता और राष्ट्रीय अध्यक्ष की निगाह भी थी और उन पर वरदहस्त भी।

अखिलेश जब स्वयं दौरे पर होते थे, तब उनके नियंत्रण कक्ष को पल-भर में उनके भाषणों की अपडेट मिल जाती थी। स्थानीय प्रतिक्रियाओं के आधार पर, यही टीम विभिन्न नेताओं द्वारा बैठकों व सभाओं की जन-प्रतिक्रियाएं व प्रभावों का विश्लेषण भी करती थीं।

ज़िंदगी-भर मुलायम सिंह यादव को मीडिया से उतना सहयोग नहीं मिला, जो हमेशा उन्होंने मीडियाकर्मियों को दिया। लोगों के जीवन से मृत्यु तक ज़रा सी सूचना पर दौड़कर सबकी मदद को पहुंचनेवाले पिता के बेटे अखिलेश को भी मीडिया ने बहुत देर में महत्त्व देना आरंभ किया। फिर भी अपनी खानदानी प्रवृत्ति के मुताबिक मीडिया की शुरुआती बेरूखी के बावजूद अखिलेश पत्रकारों, कैमरामैनों तथा फोटोग्राफरों के साथ सहज मैत्रीपूर्ण तथा सामान्य ही रहते थे। उनके धीरज और मनोबल से विपक्षी भी हैरत में थे। जल्दी ही कांग्रेस के युवराज को मीलों पीछे छोड़कर वह काफी आगे बढ़ गये और कई मामलों में जन-जन के युवराज बनकर उभरे, वह भी बड़ी कुशलता और सूझबूझ से।

विदेश में इंजीनियरिंग पढ़े, कंप्यूटर चलानेवाले इस देहाती युवराज की लोकप्रियता वास्तव में देखने वालों की आंखों में थी और बहुत कम समय में ही राष्ट्रीय मीडिया ने भी इस उगते सूरज को पहचान लिया और इसके बाद वह देश-भर के प्रमुख समाचार माध्यमों और उनके संचालकों के चहेते बन गये।

इस बीच जब यह सब कुछ घटित हो रहा था और उस हर पल, हर घटना पर फ्लैश लाइटें अपनी चकाचौंध बिखेर रही थीं, जिनमें अखिलेश यादव मौजूद थे, उनके पिता मुलायम सिंह बिना हस्तक्षेप किये, दूर खड़े रहकर केवल यह देखते रहे कि उनका लाडला क्या कर रहा है। बेटे के कार्यों में पिता के 'हस्तक्षेप' करने के दिन जा चुके थे और एक पिता अपने पुत्र को इस मुकाम पर पहुंचाकर प्रसन्नचित्त था तथा यदा-कदा दिशा-निर्देश देने या नये सुझाव देने में भी उसे खुशी हासिल होने लगी थी। जब अखिलेश अपने वास्तविक स्वभाव में आ रहे थे और उनके पिता

इस बात को लेकर अधिकाधिक उल्लसित थे कि उनका बेटा अपने जीवन में वह सब प्राप्त कर रहा था, जिसकी एक बाप केवल कल्पना ही कर सकता है। कोई भी पिता होता, उसकी आंखें नम हो जातीं। हृदय प्रफुल्लित होता, मगर शब्द खामोश हो जाते। खुशी चेहरे पर दमकती, मगर जाहिर नहीं हो पाती। मुलायम भी इसी दौर से गुजरे। जब अखिलेश मुख्यमंत्री बने तो उनके राष्ट्रीय नेता पिता उनके लिए एक गुरु की भूमिका में काम करने लगे। अनुभव और सटीक मार्गदर्शन से लैस अभेद्य कवच बन गये। अपने पुत्र को मुलायम सिंह यादव ने सिर्फ एक मंत्र दिया, 'छह महीने में जनता से किये गये सभी चुनावी वादे पूरे कर दिखाओ।'

अखिलेश अपने पिता के आधुनिकतम संस्करण हैं। बस, अपने पिता के चरित्र की उस अनावश्यक नरमी से दूर, जिसने नेताजी को तमाम धोखे दिये। फिर भी अखिलेश अपने पिता की प्रसिद्ध उदारता और इंसानियत से भरपूर हैं।

बेशक, आज उन्हें मौजूदा मुकाम पर देख कर नेताजी मुलायम सिंह यादव एक पुरानी फिल्म का मशहूर गीत गुनगुना सकते हैं, 'तेरे रूप में मैंने पाया, फिर से जीवन दोबारा, मेरा नाम करेगा रोशन, जग में मेरा राजदुलारा!'

3

छात्र जीवन की यादें

सुविख्यात क्रिकेटर से पाकिस्तान के मशहूर राजनेता बने इमरान खान के जीवनी लेखक, कवि और नाटककार फ्रैंक हुजूर लंदन में रहते हैं। फ्रैंक कुछ वक्त पहले मुलायम सिंह यादव की सबसे प्रामाणिक जीवनी लिखना चाहते थे। उसी जीवनी की सामग्री जुटाने वह हिंदुस्तान आये थे। तब उन्होंने अखिलेश के एक बहुत ही करीबी मित्र राजीव रंजन उर्फ चुन्नू से बातचीत की थी।

फ्रैंक हुजूर के साथ मुलायम सिंह यादव

राजीव के साथ फ्रैंक हुजूर की उस बातचीत के विवरण में छूट गयी बातों के ब्यौरे को, अन्य सूत्रों की मदद से पूरा करते हुए, अखिलेश के छात्र जीवन की एक

मैसूर स्टेशन से बाहर आते अखिलेश

रोचक तस्वीर यहां पेश की जा रही है।

मैसूर में इंजीनियरिंग की पढ़ाई के दौरान अखिलेश के साथ रहे, राजीव ने बताया कि उस समय उनका कोई भी मित्र राजनीति में अखिलेश के प्रवेश और भविष्य के बारे में नहीं सोचता था। अखिलेश भी कभी ऐसा नहीं सोचते थे कि एक दिन उन्हे सियासत में जाना ही होगा। वह इस संभावना की कोई चर्चा तक नहीं करते थे। हम सबको भी कोई कल्पना न थी कि उन्हें एक दिन अपने कंधों पर अपनी भारी-भरकम राजनीतिक विरासत का बोझ उठाना ही होगा। हमने तो भविष्य में उनके एक कामयाब पर्यावरण इंजीनियर ही बनने की सोची थी।

राजीव ने बताया कि अखिलेश किसी सैन्य कमांडर की तरह इरादों के पक्के इंसान थे। उन्होंने राजस्थान स्थित धौलपुर सैनिक स्कूल के हरे-भरे मैदानों में ज़िंदगी के जो सबक सीखे थे वे मैसूर में, इंजीनियरिंग कॉलेज के दिनों में, अपने पूरे निखार पर थे।

राजीव ने बताया, 'मैंने उनके चेहरे पर हमेशा मुस्कुराहट ही देखी। यहां तक कि तिमाही-छमाही परीक्षाओं के समय में उनके चेहरे पर भी चिंता नहीं नज़र

आती थी। संगीत सुनने का उन्हें इतना शौक था कि लाल रंग के फिलिप्स वॉकमैन टेपकिार्डर के हेडफोन से उनके कान ज्यादातर ढके ही नज़र आते थे। कर्णप्रिय मधुर संगीत और लुभावनी धुनें उनके सबसे प्यारे साथी थे।'

अखिलेश : स्कूली छात्र

'ये वो दिन थे, जब 1960-70 के दशक में संगीत की दुनिया में ऐल्विस प्रेस्ले तथा बीट्लस के राज के बाद, रैप और हिप-हौप संगीत की वापसी हो रही थी। कॉलेज परिसर में रहने वाले लड़के-लडकियां, फ्यूजन (दो बिल्कुल अलग तरह के संगीतों का सुंदर लयबद्ध मिश्रण) के दीवाने हुआ करते थे।

तब टीपू (अखिलेश का घरेलू नाम) को अमरीका के महान वायलिनवादक तथा न्यूयार्क के संगीत निदेशक एलबा गिलबर्ट में इतनी दिलचस्पी थी कि उन्होंने भी पढ़ाई से वक्त निकालकर, वायलिन, गिटार और पियानो सीखना शुरू कर दिया था। संगीत ने उनके व्यक्तित्व को बहुत हद तक प्रभावित किया और शायद उनकी आत्मा तक को लोगों की भावनाएं समझने की ताकत दी। कभी-कभी वह एक रहस्यवादी दार्शनिक के रूप में भी नज़र आते। गिटार की झंकार से निकले शांति और प्रेम के स्वर वाकई उनके अधिकतर युवा मित्रों के अकेलेपन के भी साथी थे।

उन दिनों कॉलेज कैंपस में रैगिंग (नये छात्रों का परिचय हासिल करने के दौरान उनकी टांग खिंचाई) का बहुत चलन था। इस मामले में टीपू की भावनाएं और सोच अन्य छात्रों से एकदम अलग थी। टीपू को कैंपस में नये छात्रों के साथ बुरे व्यवहार ज़रा भी मजा नहीं आता था। उन्हें जूनियर लड़कों-लड़कियों को डराना-धमकाना, उनसे भद्दे काम कराना, खुशामद और ऊल-जुलूल एक्टिंग करवाना इतना बुरा लगता था कि एक मौके पर वह संगीत सुनना छोड़कर सीनियर छात्रों के पास जा पहुंचे और उन्हें चेतावनी दी कि वे किसी जूनियर की रैगिंग न करें, वरना उनके विरुद्ध कार्रवाई कराई जायेगी।

दोस्तों के गिरोह में एकाध-बार फंस जाने पर, उनका मन रखने के लिये ही टीपू ने केवल कुछ ही नये लड़कों की रैगिंग अपने ही अंदाज़ में की। उन्होंने उनसे सिर के बाल काढ़ने व कटवाने के तरीकों, कमीज़ों के कॉलर की साइज़, नये छात्रों की टी शर्ट पर लिखे बेसिर-पैर के वाक्यों का मतलब और तरह-तरह के नीले डेनिम जीन्स की पैंटों और कलाई घड़ियों के ब्रांडों के बारे में ही रोचक सवाल-जवाब किये।

टीपू के लिए रैगिंग का मतलब, नये साथियों से सबको हंसा सकनेवाले चुटकुले सुनाने की फरमाईश करके उन्हें हैरान करने से ज्यादा कभी नहीं रहा। कैंपस में पढ़नेवाले स्थानीय लड़कों के विपरीत, किसी की बेसिर-पैर की बातों या वाहियात हरकतों से असुविधा या असहमति होने पर वह अपनी कठोर-से-कठोर प्रतिक्रिया केवल विनम्रतापूर्वक ही देता था। किसी को फटकारने के दौरान भी अखिलेश की यह नफासत गायब नहीं होती थी।

अखिलेश हमेशा टी-शर्ट और जींस ही पहनते थे। किशोरावस्था से जवानी की दहलीज पर कदम रखने के जमाने में भी अखिलेश में आमतौर पर युवाओं में पनपनेवाली कोई बुराई नहीं थी।

1990 का मैसूर शहर लोगों के आकर्षण का केंद्र था। प्रसिद्ध चामुण्डा पहाड़ियों की तलहटी में बसे इस शहर में प्रवास के दौरान अखिलेश के मित्रों में, मेरे अलावा रायपुर के सिख छात्र हरविंदर, रांची के संजय साहू, चाय और कॉफी बाग़ानों के बहुत बड़े उद्योगपति की संतान व ऊटी निवासी मुरली मनोहर और मैसूर के ही स्थानीय छात्र अरशद शामिल थे। हम सबने गर्मियों की छुट्टियों की अनेक रातों में रात-भर जलते अलाव के इर्द-गिर्द बैठकर, बॉलीवुड के प्रसिद्ध संगीतकार राहुल देव बर्मन के मधुर तराने सुपरहिट गायक किशोर कुमार की मखमली आवाज में सुनने और अपने-अपने अंदाज़ में गाने का मज़ा भी लिया था। तब अखिलेश को वृंदावन गार्डन जाने का भी बहुत शौक था।

टीपू को पहाड़ों पर चढ़ना भी बहुत पसंद था। दशहरे की छुट्टियों में उन्हें आतिशबाज़ी और कानफोड़ू पटाखेबाज़ी के बीच, भीड़ में घुसकर राक्षसराज रावण के पुतले को जलते देखने की परंपरा से ज़्यादा मज़ा चामुंडा पहाड़ियों पर चढ़ने और उतरने में आता था। कॉलेज कैंपस की छात्र राजनीति हो अथवा देश की

सियासत की उठापटक, दोनों में ही टीपू को बहुत कम दिलचस्पी थी। ऐसी किसी भी चर्चा में जबर्दस्ती फंस जाने पर अखिलेश जितना जल्दी हो, उतनी जल्दी ही पिंड छुड़ाकर निकल लेते थे। छात्र संघ चुनावों में भी उनकी रुचि नहीं थी। एक तरह से छात्र नेताओं के भाषण और छात्र राजनीति भी उनके मनोरंजन का ही हिस्सा थीं।

वह अक्सर अपने दोस्तों को नसीहत दिया करते थे, दोस्तों आपके माता-पिता ने आपको इतनी दूर से क्या यहां दक्षिण की पहाड़ियों में राजनीति-राजनीति खेलने के लिये भेजा है या पढ़-लिखकर कुछ बनने के लिए? यहां मैसूर में कॉलेज की राजनीति से किस्मतें नहीं बनेंगी। हमारी मंज़िल राजनीति नहीं बल्कि एक अच्छा भविष्य बनाना होना चाहिए। छात्र राजनीति का काम स्थानीय लड़कों पर छोड़ दो।'

उल्लेखनीय है कि मैसूर में अध्ययन के उस दौर में पर्यावरण, सिविल व अन्य व्यावसायिक इंजीनियरिंग विषयों के हम 120 छात्रों के बैच में, केवल 17 लड़के ही उत्तर भारतीय थे। मैसूर में टोंचिकप्पल रोड पर अनुपम बेकरी हम सबका पसंदीदा अड्डा थी, जहां हम सब शाम बिताने के लिये जमा होते थे। इंजीनियरिंग की पढ़ाई के कठिन बोझ को हंसी-हंसी में उड़ाते हुए हम सब वहां इकट्ठा होकर चाय, कॉफी, मिल्क शेक और विभिन्न जायकोंवाले ठंडे दूध के साथ हल्का नाश्ता करके हंसते-खिलखिलाते वक्त गुजारते थे।

1990 के साल में, पहली बार अखिलेश के व्यक्तित्व पर राजनीति ने कुछ असर किया। उनके मन में पहली बार कुछ आध्यात्मिक हलचल हुई। तब पहली बार नवंबर में उत्तर प्रदेश के मुख्यमंत्री अपने पिता द्वारा, अयोध्या के मंदिर क्षेत्र में कार सेवकों द्वारा बाबरी मस्जिद को गिराने की हिंसक और विध्वंसक कार्रवाई को बेहद कठोरता और बेखौफ तरीके से कुचलने के फैसले पर वह बेहद खुश नज़र आये।

उस घटना की वजह से पहली बार अंतर्राष्ट्रीय जगत का ध्यान मुलायम सिंह सरकार की तरफ गया। इसी एक घटना ने टीपू को पहली बार अपने पिता की समाजवादी, धर्मनिरपेक्ष और संवैधानिक तौर पर जायज़ सियासत को हिंदू, मुस्लिम, ईसाई और बौद्ध समाजों के परेशान और नज़रंदाज किये गये लोगों के नज़रिए से देखने की ताकत और दिलचस्पी दी।'

उस दौर में टीपू के पिता मुलायम सिंह देश को बांट सकनेवाली खतरनाक राजनीति से लड़ते-लड़ते, कुछ कट्टर हिंदू नेताओं की नफरत का केंद्र बनते जा रहे थे। तब हिंदुस्तान के हिंदीभाषी क्षेत्र का दिल कहे जानेवाला उत्तर प्रदेश, आग में जल रहा था। उस आग को बुझाने की कोशिश देश के केवल एक ही नेता, मुलायम सिंह यादव द्वारा की जा रही थी। उसी वक्त मैसूर में उनका बेटा, अखिलेश, कॉलेज कैंपस की मौज-मस्तियों से दूर, अपने चंद दोस्तों के साथ, अपनी ज़िदगी का मकसद पढ़ाई में ढूंढ़ रहा था।

राजीव के अनुसार, 'मैसूर के इंजीनियरिंग कॉलेज में लैंगिक असमानता का बोलबाला था। वहां पढ़नेवाले भावी इंजीनियरों में केवल 20 प्रतिशत ही लड़कियां थीं। उनमें से कई अच्छी-खासी सुंदर भी थीं। लेकिन टीपू को उनमें से किसी से प्यार हुआ ही नहीं।

साल के अंत में कैंपस के सांस्कृतिक उत्सव (कल्चरल फेस्टिवल) में सभी लड़के-लड़कियों ने बड़ी संख्या में खेलों और मनोरंजक गतिविधियों में हिस्सा लिया। बहुत मौज-मस्ती की। उस वार्षिक जंबोरी फेस्टिवल को नाम दिया गया था–जेसियाना।

"इन्जीनियरिंग के पहले और दूसरे वर्ष में टीपू के पास काले रंग की एक यामाहा मोटर साइकिल थी। तीसरे वर्ष में उन्हें एक मारुति जिप्सी मिल गयी। जब जिप्सी आई, तो टीपू को उसका लाल रंग पसंद नहीं आया। उसने उस जिप्सी पर काला पेंट चढ़वाना पसंद किया। टीपू को लगता था कि लाल रंग बेवजह तड़क-भड़क वाला आकर्षक रंग होता है। लाल रंग की जगह टीपू ने, अपनी जीप को साधारण और औसत दिखाने के लिए उस पर काला रंग करवा दिया। आज यह देखकर हम सभी मित्रों को काफी मज़ा आता है कि टीपू बड़े गर्व से अपने पिता की पार्टी की लाल रंग की समाजवादी टोपी पहनते हैं और उनकी आंखों में उनकी बेखौफ बहादुरी नज़र आती है। लाल रंग की टोपी उनके सिर किसी राज मुकुट से कम नहीं लगती।

उन्हें ड्राइविंग करना बहुत पसंद हैं। ड्राइविंग उनकी पसंदीदा गतिविधि थी। छुट्टियों के दौरान टीपू हम दोस्तों को अपनी जिप्सी में बजते मनमोहक संगीत के बीच कई बार मैंगलोर ले गये और पास के समुद्र बीच पर हमें अपनी संगीत की धुनों से मंत्रमुग्ध किया। कॉलेज के पहले दो वर्षों में उन्हें बरसात में भीगती

खाली सड़कों पर मंथर गति से मोटर साइकिल चलाने में भी काफी मज़ा आता था। तब बरसात उन्हें लुभाती और आनंदित करती थी। तब कुछ भी मुमकिन था मगर बरसात की वजह से टीपू की कोई यात्रा नहीं रुक सकती थी।

अपने जेब खर्च को टीपू बचाकर खर्च करते थे। उनके स्थानीय अभिभावक के पास ही उनके पिता ज़रूरी धन भेजा करते थे। वह उन्हें समय पर ही यह रुपया देते और हिसाब उनके पिता को भेजते थे। टीपू में कोई ऐब नहीं था, सो वह दूसरे छात्रों के मुकाबले काफ़ी धन बचा लिया करते थे। इसी धन से वह वक्त आने पर अपने दोस्तों की बेहिचक मदद भी करते थे। हमें मालूम है कि कई दोस्तों ने टीपू की बचत से कर्ज़ लिया मगर लौटाया नहीं। उन्होंने मांगा भी नहीं।

टीपू को हंगामेबाज बिगड़ैल छात्रों के बीच, हॉस्टल में रहना नापसंद था। वह कॉलेज से कुछ दूर एक गली में किराये पर रहते थे। उनके उस निजी आवास के दरवाजे सभी दोस्तों के लिए तो हमेशा खुले ही रहते थे, साथ ही वह उन लड़कों से भी दूरी नहीं रखते थे, जो उनके दोस्त नहीं थे।

दूसरों की अविलंब मदद करनेवाले टीपू जब तंगी में होते तो भी कभी उधार मांगना पसंद नहीं करते थे। खानपान के मामले में वह बेहद सादगी पसंद और विशुद्ध शाकाहारी थे। मदिरापान ने भी उन्हें कभी आकर्षित नहीं किया। दोस्तों के जन्मदिन के मौकों पर भी उन्होंने अपना कोई नियम कभी नहीं तोड़ा। किसी पार्टी के मौके पर वह लोगों से घुलना-मिलना पसंद करते थे। ऐसे मौकों पर हमने कभी भी उन्हें खाने से भरी प्लेट लिये टहलते नहीं देखा। ऐसे सार्वजनिक अवसरों का उन्होने खूब आनंद उठाया। उन्हें मैसूर के प्रसिद्ध स्काईलैंड सिनेमाघर में अंग्रेजी एक्शन फिल्में देखने का भी शौक था।

कालेज के दोस्तों के साथ

शुरू से ही टीपू को कसरती शरीर बनाये रखने में काफी रुचि थी। कॉलेज के दिनों में वह सुगठित शरीर के स्वामी,

विश्वविख्यात हॉलीवुड फिल्म स्टार सिल्वेस्टर स्टैलॉन को पसंद करने लगे थे। स्टैलॉन की सुपरहिट फिल्मों 'रॉकी' के बॉक्सर रॉकी बलबोआ तथा 'रैम्बो' के सैनिक जान रैम्बो उनके सबसे प्रिय चरित्र थे। बॉलीवुड की फिल्मों के महानायक अमिताभ बच्चन के अलावा उन्हें शायद ही कोई दूसरा अभिनेता कभी पसंद आया हो। स्काईलैंड थियेटर में स्लीपिंग विद द एनिमी देखने के बाद उन्हें हॉलीवुड अभिनेत्री जूलिया राबर्ट्स की अदायगी भी काफी पसंद आयी थी।"

इस पुस्तक को लिखने के दौरान, मैसूर में बिताए दिनों के बारे जानने के लिये मैंने देश के तमाम पत्र-पत्रिकाओं में प्रकाशित अनगिनत खबरों का अध्ययन किया। इनमें दक्षिण भारत के सिरमौर अखबार डेक्कन हेराल्ड की प्रीति नागराज की रिपोर्ट मुझे सबसे प्रामाणिक और बढ़िया लगी। प्रीति की रिपोर्ट के संपादित अंश :

'उत्तर प्रदेश में समाजवादी पार्टी की तकदीर बदलनेवाले अखिलेश यादव ने आस्ट्रेलिया में पर्यावरण इंजीनियरिंग मास्टर्स की डिग्री हासिल करने से पहले अपनी जिंदगी के कुछ बेहतरीन दिन मैसूर में सिविल इंजीनियरिंग की पढ़ाई के दौरान गुजारे हैं। कम ही लोग जानते हैं कि अखिलेश कन्नड़ भी बोल लेते हैं।

सादी रोटी पसंद करने वाला, समाजवादी पार्टी का यह युवा नेता, 1990 से 1994 के दौरान काले रंग की अपनी मारुति जिप्सी नंबर डीबीबी-11 में ऐतिहासिक व प्राचीन पुराने मैसूर शहर की सीमा पर एक उपनगर में अपने तीन दोस्तों के साथ किराये के एक छोटे से घर में रहता था। उसे वहां का प्रसिद्ध व्यंजन 'मैसूर पाक' पसन्द, टीशर्टों तथा ढीली पैंट पहनने का शौक था।'

कई खबरों में पुष्टि की गयी है कि अखिलेश के दोस्तों को आज भी उनकी अच्छी आदतें, मुसीबतजदा दोस्तों का साथ देना, बुरी आदतों तथा बिगड़ैल लड़कों से दूर रहना और उनकी संकोचपूर्ण मुस्कुराहट याद है। कॉलेज के बाद कभी कभार वक्त निकालकर अपने चुनिंदा दोस्तों के साथ, उन्हें चामुण्डा पहाड़ियों में देर रात ड्राइव पर जाना भी पसंद था।

घर का खाना खाने के लिए अखिलेश प्राय: अपने स्थानीय दोस्तों के घर जाया करते थे। शाम की कॉफी वह कालिदास रोड स्थित स्वीट एन स्पाइस में पीते थे। कम ही लोग पहचान सकते थे कि उत्तर भारत के सबसे प्रभावशाली राजनेताओं में से एक मुलायम सिंह यादव का पुत्र श्री जयचमाराजेन्द्र कॉलेज ऑफ इंजीनियरिंग में तड़क-भड़क से दूर आम जिंदगी जी रहा था। कॉलेज के

दिनों में अखिलेश औसत छात्रों से बेहतर और एक अत्यंत अनुशासित तथा विनम्र छात्र थे, जो अधिकतर अपने चंद करीबी दोस्तों के समूह में ही सीमित रहते थे।

उप-प्रधानाचार्य शाकिब-उर-रहमान के अनुसार, 'कॉलेज में दाखिले के दौरान ही अखिलेश मुझसे पहली बार मिले थे। काफी लंबे समय तक कोई नहीं जानता था कि अखिलेश तत्कालीन केंद्रीय मंत्री और देश के प्रमुख राजनीतिज्ञ मुलायम सिंह यादव के बेटे हैं। वह जमीनी हकीकत से जुड़ा ऐसा छात्र था, जो न तो किसी दूसरे छात्र से दबता था और न किसी को दबाता था। दोस्त साथ न भी हों, तो वह अकेले भी बेफिक्र तथा खुश नज़र आता था। उसे अपनी निजता को सीमित रखना पसंद था। ज़िदगी में इतने छात्रों को मैंने करीब से देखा है कि इतना मैं पहली ही मुलाकात में जान गया था कि वह लड़का आम इंसान नहीं था।'

अखिलेश के एक मित्र मोहम्मद अशरफ जीलानी की मां हसीना शरीफ के मन में कॉलेज के दिनों में अपने बेटे के दोस्त, एक खुशदिल, शिष्ट और संकोची लड़के की अविस्मरणीय छवि है, जो अक्सर उनके घर आया करता था। तब टीपू मैसूर के उपनगरीय इलाके विजयनगर में एक किराये के मकान में रहते थे और अक्सर अपने दोस्त अशरफ के घर जाते थे।

मैसूर प्रवास के दौरान दशरथ राय और अनिल प्रधान उनके अच्छे दोस्त थे

यदि हमारे घर में मेहमान आये होते थे तो अखिलेश घर के एक कोने में गाड़ियां खड़ी करने के लिये बने गैराज को साफ करके वहीं बड़े आराम से रात- भर पढ़ते थे। एक बड़े इंसान के इस बेटे को फर्श पर बैठने और वहीं खुद अपना बिस्तर बिछाने में कोई झिझक नहीं होती थी।

अखिलेश के अधिकतर मित्र कर्नाटक के बाहर से थे और उन्होंने कामचलाऊ कन्नड़ भाषा सीखी थी, इसलिए उन्हें कन्नड़ में बातचीत करने में काफी मजा आता था। सबसे रोचक बात यह है कि अखिलेश के सबसे करीबी दोस्तों में से एक अशरफ की माता हसीना शरीफ उस दौर में कांग्रेस की जिला महासचिव थीं। उन्होंने बताया कि अखिलेश को कन्नड़ भाषा के कुछ चलताऊ शब्दों का भी बहुत अच्छा ज्ञान था।

अशरफ, अखिलेश और उनके दोस्त होली, दीवाली, ईद, रमज़ान, बैसाखी, लोहड़ी और क्रिसमस हर मौके पर एक-दूसरे का साथ पसंद करते थे।

हसीना शरीफ के अनुसार, 'अखिलेश को घूमना-फिरना बहुत पसंद था और उसने लगभग उन सभी पर्यटन स्थलों की यात्रा की, जो मैसूर से रेल मार्ग से जुड़े थे। अखिलेश आमतौर पर छुट्टियों में भी घर जाने के बजाय अपने दोस्तों के साथ पढ़ाई और वक्त मिलते ही सैर-सपाटा करते थे । अखिलेश की जीप में उनके मित्र ऊटी, श्रीरंगपट्टन, कोयम्बटूर, कोड़ाईकनाल आदि जगहों पर घूम आये थे। बाद में जब अखिलेश के पिता उत्तर प्रदेश के मुख्यमंत्री बने तब भी, उनमें कोई बदलाव या घमंड नहीं दिखा।

कई बार ऐसा भी हुआ जब हमारे घर में अचानक ही मेहमान आ जाते थे और मैं इन दोनों लड़कों को काम पर लगा देती। वह मेरा हुक्म एक बेटे की तरह निभाते। अपना कमरा साफ करते और उन्हें अपना बिस्तर लगाने में भी कोई ऐतराज नहीं होता। अलबत्ता काम खत्म करते ही वह पढ़ाई शुरू करने से पहले पूछ लेते थे कि कोई और मदद तो नहीं करनी?

आंखों में आई नमी को पोंछते हुए अशरफ की मां ने बताया, 'उनमें वह बात थी जो खानदानी और ऊंचे दर्जे के इंसानों में ही होती है। वह समय और संबंधों को दुनिया की हर चीज से ज्यादा महत्त्व देता थे। ज़रूरत पड़ती थी, तो कभी-कभी वह हमारे घर पास ही स्थित मेरे बेटे के रेस्टोरेंट के कैश काऊंटर पर भी बैठ जाते थे।'

जब उत्तर प्रदेश में समाजवादी पार्टी ने जबर्दस्त जीत हासिल की तो, टीपू के तमाम दोस्तों और उनके परिवारों ने उनके फेसबुक अकाउंट पर उनकी जीत का जश्न मनाने का विवरण दिया। समाजवादी पार्टी के धुर विरोधियों ने भी इस जीत को अखिलेश की अथक मेहनत का नतीजा बताया।

आजकल अंतर्राष्ट्रीय टीवी चैनल नेशनल जियोग्राफिक के फोटोग्राफर आदर्श एन.सी., उन दिनों अक्सर देर शाम अखिलेश से एक स्थानीय रेस्टोरेंट पर मिलते थे।

आदर्श बताते हैं, 'वह आज भी साधारण हैं और कोई भी उनसे आसानी से मिल सकता है। मैसूर में पढ़ाई के पहले दो वर्षों के दौरान वह हमेशा अपने चुनिंदा दोस्तों के साथ ही रहना पसंद करते थे। उनकी कोई सुरक्षा व्यवस्था नहीं थी। जब उनके पिता को हत्या की धमकियां मिलने लगीं, तब सरकार ने पहली बार अखिलेश को भी एसपीजी सुरक्षा उपलब्ध करायी। उस दौर में भी वह पढ़ाई-लिखाई और कॉलेज परिसर में एसपीजी को साथ नहीं रखते थे। हालांकि इसमें उन्हें काफी जद्दोजहद करनी पड़ती थी। तब भी उनसे कॉलेज का कोई भी साथी बिना रोक-टोक के मिल लेता था और आज भी।'

टाइम्स न्यूज नेटवर्क के जयंत डेका द्वारा लिये गये एक साक्षात्कार में उन्होंने गन्स एन रोजेज़, बोन जोवी, ब्रायन एडम्स तथा मेटालिका को अपना पसंदीदा संगीत बताया। टाइम्स ऑफ इंडिया से बातचीत के दौरान उन्होंने कहा, 'ऐसा कोई संगीत नहीं है, जो मैंने न सुना हो।'

अखिलेश के पसंदीदा संगीतकार और गीतों में क्वीन का आई वांट टू ब्रेक फ्री, रॉड स्टीवर्ड का सम गाइज़ हैव ऑल द लक, क्रिस डीबर्ग, जॉर्ज मिशेल, डुरन डुरन, गन्ज़ एंड रोजेज़ और मेटालिका हैं। टाइम्स ऑफ इंडिया को उन्होंने बताया, 'मुझे आज भी याद है कि हम हिस्टीरिया को बार-बार और लगातार सुनते थे। अन्य गीत-संगीत में पैट शॉप ब्वायज, माइकल लर्न्स टू रॉक, मिली वनिली, बॉन जोवी, बैड मेडिसिन, ब्रायन एडम्स, रिचर्ड मार्क्स, व्हेयरएवर यू गो, न्यू किड्स ऑन द ब्लॉक और बेबी आइ बिलीव इन यू मौका मिलने पर आज भी सुनता हूं।'

एक अन्य साक्षात्कार में, साफगोई और अपने उसूलों के पक्के अखिलेश ने खुलासा किया कि उत्तर प्रदेश विधानसभा चुनावों में समूचे प्रचार अभियान

के दौरान, जब लंबे सफर में वह अकेले होते थे, अपने आई फोन पर अक्सर 1980-1990 के दशक के सुरीले फिल्मी गीत सुनना पसंद करते थे।

टाइम्स ऑफ इंडिया की ही एक अन्य न्यूज़ स्टोरी में कॉलेज के दिनों के उनके एक मित्र और आजकल कुवैत में रह रहे, नीरज कुमार ने अखिलेश के साथ अपने मैत्री बंधन की चर्चा के दौरान कुछ ऐसी नई बातें उजागर कीं, जो अब तक किसी को पता नहीं थीं। नीरज भी मैसूर के इंजीनियरिंग कॉलेज में टीपू के सहपाठी थे। तब नीरज का छात्र क्रमांक अखिलेश के साथ ही एक क्रम में पड़ता था। 'हमारा एडमिशन नंबर एक ही क्रम में था। मेरा 2084 था और उनका 2085। यही परीक्षा में भी होता था, हम अक्सर साथ-साथ ही आगे-पीछे बैठते थे।' नीरज बताते हैं, 'मुझे अपना वह मददगार दोस्त आज भी याद है, जो अपनी सभी परीक्षाओं में बेखौफ और अडिग नज़र आता था। परीक्षाओं से डरनेवाले अपने साथियों को अखिलेश समझाते थे कि परीक्षक छात्रों को फेल करने के लिये प्रश्नपत्र थोड़े ही बनाते हैं। डरने से जरूर कोई अपना सब पढ़ा-लिखा भूल सकता है।' नीरज कहते हैं, 'कालेज के दिनों में अखिलश अपनी पढ़ाई को लेकर बहुत ज्यादा संजीदा थे। वह लगभग रोज़ ही मेरे कमरे में विभिन्न विषयों पर चर्चा करने आते थे। मैंने कभी नहीं सोचा था कि वह एक दिन राजनीति में कदम रखेंगे और इस कदर कामयाब होंगे। लेकिन हां, मैं उनके विचार व सोच को देख सकता था, जो औरों से काफी भिन्न तथा लीक से हटकर थे।

मुझे ज्योतिष और थोड़ी-बहुत हस्तरेखाओं की जानकारी थी। मैंने देखा कि उनके हाथ में दोहरी मस्तिष्क और भाग्य रेखाएं थीं । दोहरी मस्तिष्क और भाग्य रेखाओंवाले व्यक्ति बहुत कुशाग्र बुद्धि और बहुत भाग्यशाली होते हैं। ऐसी रेखाएं सामान्य लोगों के हाथों में नहीं पाई जातीं। उन दिनों जब भी मैं उन्हें अत्यंत बुद्धिमान और अत्यंत भाग्यशाली कहता था, तो उन्हें बहुत हंसी आती थी।

हमारे यहां क्लास में बैठने के लिए दो कतारें होती थीं जहां बायीं ओर लड़कियां बैठा करती थीं वहीं दायीं ओर मैं और अखिलेश आगे की बेंच पर बैठा करते थे। हमने अपनी महिला सहपाठियों के नाम ब्लैक डायमंड और मोती रखे हुए थे।

अखिलेश की मददगार प्रवृत्ति के बारे में नीरज ने बताया, हालांकि कॉलेज के आरंभिक दिनों में जब उनके पास कोई वाहन आदि नहीं था, तब भी वह जरूरत पड़ने पर हमेशा सबकी मदद को तैयार रहते थे। चाहे किसी छात्र की मेडिकल इमरजेंसी के दौरान शहर से डॉक्टर को लाने-लेजाने का मामला हो या किसी सहपाठी को रेलवे स्टेशन छोड़ने जाना हो, अखिलेश हमेशा तैयार रहते थे।

एक बार कुछ सहपाठियों के बीच किसी बात पर कहासुनी हो गयी। अखिलेश और मैं एक ओर थे। तब वह शायद कॉलेज में हमारा पहला साल था। अगले दिन हमें उस इलाके में जाना था, जहां अखिलेश रहते थे। हमने सोचा कि हो सकता है कि वहां भी हम लोगों की तूतू-मैंमैं ही जारी रहे। लेकिन उन्होंने हम सबको चकित कर दिया। वह हमें पास की एक दुकान पर ले गये और हमें आइसक्रीम खिलाई। हम सभी एकदम हैरान और शर्मिंदा थे।

कॉलेज के बाद मैंने उत्तर प्रदेश में गजरौला में एक कारखाने में नौकरी कर ली। तब भी अखिलेश मेरे पास अक्सर वहां आते और एक मौके पर तो वह लगभग एक महीने तक कारखाने में ही रहकर यह सीखते रहे कि बड़े पैमाने पर काम करनेवाली कंपनियां किस तरह से पर्यावरण प्रदूषण को काबू में रखती और उस पर नजर रखती हैं।

मुझे याद है कि उन दिनों धर्मेंद्र की एक्शन-मसाला फिल्मों की धूम थी और हम अक्सर शाम को गजरौला के एकमात्र सिनेमाघर में धर्मेंद्र की कोई-न-कोई फिल्म देखा करते थे।

पर्यावरण संबंधी मुद्दों पर उनका लगाव और ज्ञान निश्चित तौर पर उत्तर प्रदेश को बहुत फायदा पहुंचाएगा और अब जबकि वह सत्ता में आ चुके हैं, तो वह निश्चित तौर पर अपने राज्य को राष्ट्रीय-अंतर्राष्ट्रीय गौरव भी प्रदान करेंगे। वह एक उच्च शिक्षित राजनेता और नैसर्गिक नेता हैं, जिनके जीवन आदर्श बहुत ऊंचा और महान हैं।

गजरौला के बाद ये दोनों दोस्त व्यक्तिगत रूप से कभी भी नहीं मिल पाये। अखिलेश उच्च अध्यापन के लिए आस्ट्रेलिया स्थित सिडनी यूनिवर्सिटी चले गए।

जल्दी में लिखी गयी इस पुस्तक में सिर्फ उन ही दोस्तों और परिचितों का हवाला दिया गया है, जिनके बयान और खबरें हमने पत्र-पत्रिकाओं में पढ़ी है। मुमकिन है, बाद में कभी इस या किसी अन्य पुस्तक में आपके सामने मुझे या किसी अन्य लेखक को अखिलेश के परिजनों, बचपन के मित्रों, कॉलेज के अन्य दोस्तों, सिडनी यूनिवर्सिटी के साथियों, उनके पिता और चाचाओं तथा पत्नी के माध्यम से उनके व्यक्तित्व पर और रोशनी डालने का मौका मिले।

4

बुनियादी बदलाव का दौर

अपने पिता की तरह अखिलेश ने भी आरंभ से ही छात्रों, आम जनता, किसानों, मजदूरों और महिलाओं को सदा महत्त्व दिया। उनका जीवन हमेशा ही बहुत सादा और अनुशासित रहा। कठोर परिश्रम करना उनके खून में है और इसी जी-जान से की गई मेहनत ने आज उनके पिता की पार्टी, समाजवादी पार्टी को एक ऐसे मुकाम पर ला खड़ा किया है कि पूरा देश उनसे अपनी उम्मीदों के पूरे होने की आस लगाए हुए है। अखिलेश ने समाजवादी पार्टी को वह प्रतिष्ठा प्रदान की है, जिसका सपना हर समाजवादी तो देखता ही होगा, साथ ही मंहगाई, गरीबी जात-पात, बेरोजगारी एवं क्षेत्रवाद की सियासत से डसी हुई बेहाल जनता भी राजनेताओं से कुछ ऐसी ही उम्मीद करती होगी।

अपने बचपन और स्कूली दिनों में अखिलेश अपने पिता से बिल्कुल अलग किस्म के बालक थे। बालपन में मुलायम सिंह यादव अपने गांव के सबसे मुखर और साहसी बच्चों में थे। उन्हें कुश्ती का शौक था। कुश्ती में भी उनका मुकाबला अपनी उम्र से बड़े बच्चों से होता था। वह पढ़ाई में इतने तेज़ थे कि अपने से बड़े बच्चों को पढ़ाने बैठ जाते थे।

अपनी पार्टी के चुनाव चिन्ह के साथ अखिलेश

बहुत छोटी आयु में उन्होंने किसानों के आंदोलनों में हिस्सा लेना और छात्र राजनीति में दिलचस्पी दिखानी शुरू कर दी थी। 16 साल तक की उम्र के होने तक मुलायम सिंह को बड़े-बड़े राजनीतिज्ञ मानने जानने लगे थे।

इसके उलट अखिलेश बचपन में अत्यंत संकोची थे। उन्हें खेलों में तो मज़ा आता था, मगर शरारतों में उनकी दिलचस्पी ज्यादा नहीं थी। स्कूली दिनों में भी वह अपने काम से काम रखते थे और भले ही वह आरंभ में पढ़ाई में बहुत तेज़ नहीं थे, परंतु स्कूल का सारा काम समय से करते थे।

समाजवादी पार्टी को अनोखे ढंग से एक नया वजूद देने वाले चैम्पियन अखिलेश अपनी पढ़ाई के दिनों में उसी तरह के औसत बालक थे, जैसे कि विश्व इतिहास की अधिकतर असाधारण प्रतिभाएं रही हैं। अखिलेश ने नेतृत्व का पहला पाठ राजस्थान में सीखा, जहां उन्होंने धौलपुर के मिलिट्री स्कूल में अपने बचपन के छः वर्ष गुजारे थे और वहां की हॉकी व फुटबाल टीम का नेतृत्व भी किया था। अखिलेश के स्कूली जीवन के सहपाठी व अध्यापक

आज भी उन्हें एक अनुशासित, विनम्र, मित्रवत् और शांत छात्र के तौर पर याद करते हैं, जो भले ही पढ़ाई में साधारण था परंतु खेलों में अव्वल दर्जे का प्रदर्शन करता था। उनके सहपाठियों के अनुसार, अखिलेश धौलपुर के मिलिट्री स्कूल में जुलाई, 1983 को दाखिल हुए थे, जहां वह छठवीं से बारहवीं कक्षा तक पढ़े। शुरू में तो वह औसत छात्र रहे, मगर अपने मित्रों से सलाह-मशवरा करके अपना काम पूरा कर लेते थे। हॉकी और फुटबाल में उनकी बराबरी नहीं थी। स्कूल में अखिलेश अपनी सहृदयता, दयालुता और बेहतरीन नेतृत्व क्षमता के लिए भी बहुत लोकप्रिय थे। वे बड़े उत्साह से स्कूल की लगभग सभी गतिविधियों में भाग लेते थे।

एक साक्षात्कार में छात्र जीवन में उनके जूनियर रहे निखिल अग्रवाल ने अपनी राय व्यक्त की, 'यह जाहिर था कि किसी दिन अखिलेश निश्चित तौर पर एक सफल राजनीतिज्ञ बनेंगे और अब जब वह वास्तव में मुख्यमंत्री बन गए हैं तो यह बहुत खुशी की बात है।' उनके एक अन्य सहपाठी पीयूष बडोला ने खुलासा किया, 'स्कूल में सभी को अखिलेश की पृष्ठभूमि का पता था। फिर भी उनमें जरा भी घमंड नहीं था और वह प्रायः बड़ी

पत्नी और बच्चों के साथ

आसानी से दूसरे छात्रों और अध्यापकों से घुल-मिल जाते थे। अखिलेश ने (मुख्यमंत्री बनने पर) भी अपने सभी सहपाठियों को अपने शपथ ग्रहण और प्रीति भोज में बुलाया था।'

सोमनाथ चटर्जी : सही आकलन

इसी तरह एक अन्य सहपाठी नीलेश मोदी ने पुरानी यादों को ताजा करते हुए बताया कि छुट्टियों के बाद अखिलेश हेलीकॉप्टर से स्कूल आया करते थे। स्कूल के पास हेलीकॉप्टर को उतरते देखने को उत्सुक छात्र स्कूल की बिल्डिंग पर इकट्ठा हो जाते थे। ऐसी ही एक अन्य खबर में यह भी पता चला कि अखिलेश ने यद्यपि सातवीं कक्षा में इकतीसवां स्थान प्राप्त किया था किंतु उन्होंने काफी मेहनत की और कक्षा आठ में इक्कीसवें स्थान पर जा पहुंचे। उनके अध्यापक ने याद करते हुए बताया कि अखिलेश ने अपनी पढ़ाई में काफी सुधार किया था, 'उन्होंने ग्यारहवीं कक्षा में विज्ञान विषय को स्वेच्छा से चुना। अखिलेश ने मार्च 1990 में अपनी स्कूली पढ़ाई पूरी की थी।'

जब वह मुख्यमंत्री पद के लिए चुने गए तो सारा मीडिया जगत उनके जीवन की विभिन्न रोचक और अनजान बातों की खोज में उमड़ पड़ा था। एक ऐसी ही खोजी खबर से पता चला कि 1990 के अंतिम दिनों के आसपास आस्ट्रेलिया से स्नातक की डिग्री हासिल करने के बाद उन्हें डिंपल से प्रेम हो गया। उस खबर में खुलासा किया गया कि फुटबाल प्रेमी अखिलेश जब 25 वर्ष के थे, तब विदेश से लौटने के बाद, वे उत्तराखंड के एक कुलीन ठाकुर परिवार की 21 वर्षीया युवती डिंपल के संपर्क आए। डिंपल की भी खेलों में रुचि थी और उन्हें घुड़सवारी और चित्रकारी का शौक था। डिंपल भी अखिलेश की ही तरह शांत स्वभाव की थीं। उन्हें भी अखिलेश की ही तरह संगीत में भारी दिलचस्पी थी। शांत स्वभाव के इन

प्रेमियों ने इस कदर मर्यादा का पालन किया कि किसी को उनके प्रेम की भनक नहीं पड़ी। नवंबर 1999 में उन दोनों का बहुत ही भव्य तरीके से विवाह संपन्न हुआ।

विवाह के लगभग 12 वर्ष बीत जाने पर भी अखिलेश और डिंपल उसी उत्साह से रहते हैं। उनके तीन बच्चे हैं बड़ी बिटिया अदिति और जुड़वां बच्चे टीना और अर्जुन। तीनों ही बच्चे पढ़ाई-लिखाई में बहुत ही अच्छे हैं।

5

उम्मीदों की साइकिल

नयी सोच, नये इरादों, नये तौर-तरीकों और नये वजूद के साथ अपनी नयी मंज़िलों की तरफ कदम बढ़ा रही आज की समाजवादी पार्टी को मुलायम सिंह यादव का दिल और अखिलेश का दिमाग कहा जा रहा है। पार्टी को व्यवस्थित करने और एक बड़ी शानदार जीत की ओर ले जाने की उमंग इसके हरेक कार्यकर्ता में दिखती है।

'उम्मीद की साइकिल' का लोकप्रिय वीडियो विज्ञापन

ज्यादा पुरानी बात नहीं है जब राजनीतिक आंदोलनों और विरोध प्रदर्शनों में, किसी भी जगह, कहीं भी और किसी भी तरह के बवाल के लिये लोहिया के ये लोग बहुत आसानी से अनुशासनहीनता के लिये जिम्मेदार बता दिये जाते थे। उनके विख्यात हल्लाबोल के नारे और तौर-तरीकों का मज़ाक उड़ाया जाने लगा था। ज्यादातर राजनीतिक दल उनसे दूरी बनाये रखने की नीति पर चलने लगे थे। मीडिया के साथ उनके रिश्ते तल्ख होते जा रहे थे।

स्कूली शिक्षक से राजनेता बने, अखिलेश के पिता मुलायम सिंह यादव ने ही विधिवत रूप से समाजवादी पार्टी में नये किस्म की सोच को बढ़ावा दिया और लगभग एक दशक तक लगातार मेहनत करके पार्टी को, हर तरह के गलत ठप्पों से आज़ाद किया। नये सियासी समीकरण बनाये। मीडिया से नज़दीकियां कायम कीं और लोहिया की हल्ला बोल शैली से आगे की शैली विकसित करने पर बहुत काम किया। उनकी ही अद्‌भुत राजनीतिक मौलिकता की वजह से नफासत और शराफत के लिये विख्यात लखनऊ में सरकारी तानाशाही के खिलाफ ऐसे विराट विरोध प्रदर्शन जुलूस निकाले गये, जिनमें शामिल मुलायम सिंह समेत हर समाजवादी नेता के हाथ पीठ के पीछे बंधे थे।

राजनीतिक स्तर पर भी समाजवादी पार्टी ने सबसे तालमेल बैठाने की भरपूर कोशिश की। जल्दी ही कांग्रेस और भाजपा के मुकाबले उसे एक बड़े विकल्प और नये मोर्चे के सबसे ताकतवर घटक के रूप में पहचान लिया गया। एक बात फिर भी जस की तस रही। समाजवादी पार्टी की जिस सार्वजनिक छवि को सत्तारूढ़ सरकारों ने बहुत शिद्‌दत और मेहनत से तबाह करके 'गुंडों की पार्टी' के रूप में बदनाम कर दिया था, अपने ही कुछ जोशीले, जल्दी आपा खो देनेवाले, उग्र और अति उत्साही कार्यकर्ताओं की हड़बड़ी व नासमझियों के कारण, पार्टी उस छवि से बाहर निकलने में बेबस नज़र आ रही थी। एक नरमदिल पिता और उदार शिक्षक मुलायम सिंह के लाख के समझाने के बावजूद स्थानीय और प्रदेश स्तर पर कार्यरत विभिन्न नेताओं तथा कार्यकर्ताओं ने अपने ऊपर थोपी गयी छाप से उबरने की कोई सुनियोजित कोशिश नहीं की थी। मगर उत्तर प्रदेश में करारी हार और आंतरिक बगावत झेल चुके समाजवादियों को सबक मिल चुका है। अब एक महान जीत की जिम्मेदारियों और हर मार्चे पर हासिल नयी प्रतिष्ठा के दौर में समाजवादी पार्टी के हर स्तर पर, अगर किसी

बदलाव की तमन्ना है तो वह क्रांतिवीरों के रूप में समाज में खोई अपनी पहचान वापस पाने की ही है। जनता ने भी क्रांतिवीरों और बदलाव के पहरुओं के रूप में ही उन्हें भारी जनादेश दिया है। यह जीत ही उत्तर भारत में समाजवाद के सबसे नये संस्करण के वजूद को चार चांद लगा रही है कि पार्टी अब हर जगह अपनी एकजुटता दिखाने के जोश से भरी हुई है।

संचार-संवाद और प्रबंधन की नयी तकनीकों का खुलकर प्रयोग करने वाले मुलायम सिंह यादव के बेटे अखिलेश ने राजनीतिक जनसंपर्क के लिये नये ज़माने के मुताबिक ब्लैकबेरी, आई-पैड, ट्विटर और सोशल नेटवर्किंग के तमाम तौर-तरीकों का उपयोग करके, अपनी पार्टी के हित में माहौल बनाने के साथ ही पूरे देश के अन्य राज्यों में भी बदलाव की बाट जोह रही जनता के मन में भी कुछ नई उम्मीदें जगाई हैं। अखिलेश का मकसद अपने पिता की पार्टी के उम्मीद की साइकिल को अन्य राज्यों में भी चलाना है।

'उम्मीद की साइकिल' यह नारा भी अखिलेश ने ही उत्तर प्रदेश में समाजवादी पार्टी की नयी भूमिका की ओर इशारा करने के लिये काफ़ी मशक्कत के बाद चुना था। युवा मुलायम सिंह यादव की छवि के बाद, अगर किसी बात को उत्तर प्रदेश विधानसभा चुनावों में पार्टी की किस्मत को बदलने का श्रेय दिया जा सकता है तो इसी नारे को दिया जा सकता है।

निखिल कामथ के साथ

मुंबई के उभरते फिल्म निर्माता तथा फिल्म निर्माण कंपनी 'अरकश एंटरटेनमेंट' के मालिक अर्जुन सबलोक के अनुसार, 'उन्होंने (अखिलेश ने) हमें सिर्फ एक वाक्य में सीधा, स्पष्ट, सरल और संक्षिप्त निर्देश दिया था। किसी किस्म की नकारात्मकता, गरीबों से दिखावटी वादे, विरोधियों पर निजी हमले और पिछली सरकार की नाकामियों का कोई राग नहीं अलापा जाये। उनकी इच्छा थी कि नयी

राजनीतिक परिस्थितियों में लोग समाजवादी पार्टी से क्या उम्मीदें करते हैं, उन्हें ध्यान में रख कर एक साधारण नारा बनाया जाये। अपने मकसद को हासिल करने के लिये, हमने क्या किया, यह एक अलग कहानी है, मगर सचमुच लोगों ने चुनावी प्रचार के दौरान एक साधारण से समाजवादी नारे - उम्मीद की साइकिल को काफी पसंद किया। यह नारा रातोंरात एक बड़ी कामयाबी साबित हुआ।'

अरकश के अलावा अखिलेश की चुनावी प्रचार प्रसार टीम में बॉलीवुड के गीतकार और लेखक नीलेश मिश्रा और गोल्ड माइन एडवरटाइजिंग भी शामिल थे। गोल्ड माइन एडवरटाइजिंग मुंबई स्थित एक अन्य विज्ञापन एजेंसी थी। एक ओर जबकि कांग्रेस ने नरेगा और अन्य केंद्रीय योजनाओं को अपने प्रचार की थीम बना रखी थी, तब अखिलेश ने लोगों तक पहुंचने के लिये रोजगार और शिक्षा की आशाओं को अपने प्रचार अभियान का आधार बनाया। उन्होंने विज्ञापन इकाईयों को पूरे राज्य में भ्रमण करने और लोगों का मिजाज़ जानने को कहा। यह बुनियादी कार्य मई 2011 के शुरू में ही प्रारंभ हो गया था।

गोल्ड माइन एडवरटाइजिंग और अरकश एंटरटेनमेंट के आपसी तालमेल के साथ ही एक खास सर्वेक्षण टीम ने 40 दिनों तक पूरे प्रदेश के विभिन्न गांवों, कस्बों और शहरों की यात्रा के बाद अखिलेश को यह संदेश दिया कि लोग बेहतर जिंदगी के लिये एक भरोसेमंद बदलाव की उम्मीद कर रहे हैं। इसी टीम में सबलोक ने भी उत्तर प्रदेश का दौरा किया था। उन्होंने बताया, 'हम जगह-जगह गये। किसानों से मिले, जिनकी प्रमुख समस्या बिजली की अनियमित आपूर्ति थी। एक छोटे शहर के परिवार की तीन लड़कियों में से एक युवती से मिले जो अच्छी शिक्षा पाना चाहती थी ताकि उसे बढ़िया नौकरी मिल सके और वह अपने पिता पर बोझ न बने। हमारी मुलाकातें बड़े शहरों के कामयाब व्यावसायिक लोगों से हुई, जो अपने शहर में विश्वस्तरीय अवस्थापना (इंफ्रास्ट्रक्चर) देखना चाहते थे ताकि उनका कारोबार बेहतरी हासिल कर सके।'

इस यात्रा मिशन से इकठ्ठा फीडबैक (प्रतिक्रियाओं) से सात मुख्य मुद्दे निकले- बिजली, पानी, बेरोजगारी व इंफ्रास्ट्रक्चर, लड़कियों के लिए शिक्षा, स्वास्थ्य सेवाएं तथा राज्य में उच्च शिक्षा के अवसर जिनकी जनता को उम्मीदें थीं।

उन सभी उम्मीदों का जनभावनाओं से गहरा रिश्ता था। उम्मीदों और इन्हीं जनभावनाओं से अभिभूत होकर गीतकार नीलेश मिश्रा ने अपनी रचना में 'उम्मीद की साइकिल' का नारा दिया। समाजवादी पार्टी का चुनाव चिन्ह भी साइकिल ही था, इसलिए इस नारे ने बहुत जल्दी ही पार्टी और लोगों के बीच तुरंत संपर्क बना लिया। सपा का चुनाव चिन्ह ही उसका नारा, वायदा और पहचान साबित हुआ।

'इसके बाद हम लोगों ने 20 से 80 सेकेंड की 10 लघु टेलीविजन फिल्मों को प्रदर्शन के लिये तैयार किया। इन फिल्मों में अन्य लोगों के साथ-साथ एक किसान, एक बुनकर, एक रिक्शा चालक, एक युवती, एक गृहिणी तथा युवा व्यवसायी को यह कहते हुए दिखाया गया था कि वे अपनी रोज़मर्रा की ज़िंदगी में क्या उम्मीद रखते हैं।'

समाजवादी पार्टी ने उम्मीद की साइकिल को लोगों के दिलों तक पहुंचाने के लिये हालांकि टेलीविजन पर प्रचार को भी अपने अभियान में प्रमुखता दी, परंतु पार्टी ने अखबारों तथा होर्डिंग्स वगैरह की उपयोगिता को भी बहुत समझदारी से भुनाया। मुद्रित माध्यमों से प्रचार में पहली बार सभी प्रमुख पार्टी नेताओं को महत्त्व दिया गया। यह प्रचार, मुद्रित विज्ञापन और होर्डिंग्स दो तरह का था। उसके टारगेट समूह में भी दो अलग किस्म के मतदाता थे। जब होर्डिंग्स का काम चालू हुआ, तब भी दो तरह के सेट मंजूर किये गये- एक में वरिष्ठ नेताओं के साथ मुलायम सिंह को दिखाया गया और दूसरे में अखिलेश के साथ युवा नेता प्रदर्शित किये गये। उस समय जबकि अन्य राजनीतिक पार्टियों के प्रचार अभियानों में कल्पना शक्ति की कमी झलक रही थी, तब समाजवादी पार्टी ने एक सकारात्मक आधार

साइकिल रैली का नेतृत्व करते अखिलेश

तैयार कर एक ही दिन में जीत पर कब्जा करने के अपने पक्के इरादे जाहिर कर दिये थे।

चुनाव प्रचार के दौरान, पार्टी की एक नई सृजनात्मक तथा प्रगतिशील छवि बनाने के लिए भी अखिलेश ने पार्टी के प्रचार-प्रसार प्रबंधकों को केवल एक पंक्ति का संदेश दिया: *'बी पाज़िटिव इन एक्शन एंड स्पीच'* यानी न तो उन्हें नकारात्मक सोच चाहिए थी और न नकारात्मक बोल।

बालीवुड के गीतकार और संगीतकार निखिल ने अखिलेश यादव की इसी सोच को एक गीत में बदला। यह गीत लोगों को समाजवादी पार्टी के कामों और अखिलेश के बारे में बताता था। निखिल ने विमल कश्यप द्वारा लिखे एक गीत *'आजाद हिन्दुस्तान की ये आवाज़ है, इस पार्टी पे देश करता नाज़ है'* को सुप्रसिद्ध गायक जावेद अली की आवाज में रिकार्ड किया। अखिलेश इस गीत के बोलों, संगीत और गायकी से इतने प्रभावित हुए कि उन्होंने निखिल को तुरंत ही अन्य सभी गीतों को संगीतबद्ध करने के लिए कह दिया। उत्तर प्रदेश के दो स्थानीय लोकगायक-अच्छे लाल सोनी तथा असीम यादव भी मुंबई भेजे गये। मुंबई में चार लोगों की टीम ने अनेक गीतों और धुनों में से, कुल मिला कर पांच गाने छंटवाये। जावेद ने ही उन सभी गीतों में अपनी आवाज दी।

उम्मीद की साइकिल ने भले ही बाद में भारी-भरकम हाथी को रौंद-कुचलकर रख दिया, मगर यह सब चुनावी नतीजों की बदौलत हुआ। अखिलेश ने इस इरादे से कोई योजना नहीं बनाई थी कि उन्हें किस पार्टी को निशाना बनाना या मिटाना है। वह आरंभ से ही बहुत सकारात्मक सोच के साथ चल रहे थे। जब एक विज्ञापन एजेंसी उनके पास एक चुनावी प्रचार नारा *'जवाब हम देंगे'* लेकर आई तो अखिलेश ने यह कहकर उसे रद्द कर दिया कि यह नारा निराशा और नकारात्मकता को दर्शाता है। मजेदार बात यह है कि इसी नारे को बाद में कांग्रेस ने उठा लिया।

चुनावी प्रचार के दौरान पूर्व मंत्री और विख्यात कवि उदय प्रताप सिंह द्वारा लिखित पार्टी गान *'ये समाजवादी झंडा इतिहास लिये बलिदानों का। इसमें दिखता अक्स लोहिया-गांधी के अरमानों का', को* बॉलीवुड के संगीतकार निखिल ने एक आकर्षक धुन में ढाला। इस गीत को भी जावेद अली ने बहुत मोहक तरीके से गाया।

उत्तर प्रदेश में आरंभिक चुनाव प्रचार के दौरान ही *'ये समाजवादी झंडा'* गीत ने आम आदमी को इतना आकर्षित किया कि यह रातों-रात एक सुपर हिट गीत साबित हुआ। हालत यह थी कि हर कोई इसे गुनगुना रहा था। लोगों ने अपने सेलफोनों पर इसकी ही रिंग टोन लगा ली थी। *उम्मीद की साइकिल* को लोग कंप्यूटर और सेलफोन पर वॉलपेपर के रूप में भी डाउनलोड कर रहे थे।

उम्मीद की साइकिल के जादूगर अखिलेश यादव ने अपनी पार्टी के चुनाव चिन्ह साइकिल पर ही सिंतबर 2011 को, 250 कि.मी. की प्रचार यात्रा प्रारंभ की। उनका मकसद युवाओं को सपा के साथ आने के लिये प्रेरित करना था। साइकिल के इस सफर के लिये अखिलेश ने जो साइकिलें चुनीं, सभी नये मॉडल की थीं। उनका संकेत स्पष्ट था। बदलते वक्त, ज़रूरतों और समाज के साथ ही *'उम्मीद की साइकिल'* भी जनता के बीच एक नये अवतार में आ रही थी।

अखिलेश ने एक मौके पर पत्रकारों से बातचीत के दौरान भी दोहराया, 'हम ऐसा प्रचार करना चाहते हैं, जो आशाओं (उम्मीदों) का प्रचार करे न कि नकारात्मक विचारों का।' वह वाकई गंभीर थे। इससे पूर्व वह अनेक राजनीतिक प्रचार अभियानों का गंभीरतापूर्वक अध्ययन और विश्लेषण कर चुके थे। वह उन सभी कटुतापूर्ण प्रचार अभियानों के खिलाफ थे, जिनमें जमी-जमाई पार्टियों ने अपनी कूवत, ताकत और औकात बताने के बजाय दूसरों की टोपी उछालने का काम किया था, मसलन एनडीए के 2004 का आलोचनात्मक नारा *'भय हो'* हकीकत में, यूपीए के नारे *'जय*

हो' पर एक छिछोरा मज़ाक और केवल उसकी पैरोडी मात्र था।

दिलचस्प बात है कि समाजवादी पार्टी के प्रचार वीडियो को हज़ारों लोगों ने यू-ट्यूब, मेटाकैफे, आइमिंट, ब्रेक डॉट कॉम, डेलीमोशन, विओ, याहू वीडियो, गूगल वीडियो, माई स्पेस विडियो, ब्लिप डॉट टीवी, ट्विटर और फेसबुक पर अपने अकाउंट्स पर डाला और उसका आपस में आदान-प्रदान भी किया। असंख्य लोगों ने इन प्रचार वीडियोज़ को देखा। उनमें से अधिकतर 18 से 31 वर्ष आयु वर्ग के लोग थे। आश्चर्यजनक यह था कि इन लोगों में भी पुरुषों की तुलना में महिलाओं की संख्या कहीं ज्यादा थी। हज़ारों लोगों ने इन विडियोज, प्रचार फिल्मों, *उम्मीदों की साइकिल* और *ये समाजवादी झंडा* गीतों के ऑडियो-वीडियो डाउनलोड भी किये।

स्थिति यह थी कि वास्तविक मतदान प्रारंभ होने से कहीं पहले ही गूगल, ब्लॉग, ऑरकुट, ट्विटर, यू ट्यूब, मेटाकैफे, फेसबुक तथा गूगल पर समाजवादी पार्टी, मुलायम सिंह यादव, अखिलेश यादव तथा क्रांति रथ यात्रा सबसे ज्यादा सर्च किए जाने वाले आइटम बन चुके थे। एक तरह से चुनावी नतीजे सामने आने से बहुत पहले ही, जनता ने सोशल वेबसाइटों के माध्यम से ऐलान कर दिया था कि बदलाव के नतीजे बेशक समाजवादी पार्टी के हक में ही होंगे। प्रदेश का मतदाता राज्य में बदलाव लाने की दिशा में मानसिक स्तर पर तैयार था। उम्मीदों की साइकिल रफ्तार पकड़ चुकी थी।

6

जनक्रांति का लंबा सफर

देश की राजनीति में अखिलेश यादव, संभवत: प्रदेश के अकेले ऐसे राजनेता हैं, जिन्होंने राज्य के लोकतांत्रिक इतिहास में पहली बार 9403 कि.मी. के विराट प्रचार अभियान को तय करने तथा लगभग 300 सभाओं, रोड शो, बैठकों तथा

समाजवादी क्रांति रथ : बदलाव का प्रतीक

जनसभाओं को संबोधित करने का दमखम और नेतृत्व कौशल दिखाया। उत्तर प्रदेश में अखिलेश ने समाजवाद की जिस खामोश जनक्रांति का बिगुल बजाकर, भारी-भरकम राजनीतिक पार्टियों के जमे-जमाए दिग्गजों को चित कर दिया, उस चुनावी जनक्रांति की नींव राजनीतिक जनसंपर्क के आधुनिक और भावी तौर तरीकों पर टिकी है।

राजनीतिक जीवन में अखिलेश को सम्मान के शीर्ष पर पहुंचानेवाला जो *समाजवादी क्रांति रथ,* उन्हें राज्य के कोने-कोने में लेकर गया, उसका यह नामकरण उनके पिता मुलायम सिंह यादव ने किया था। यही क्रांति रथ न केवल अखिलेश के जनसंपर्क का माध्यम था, बल्कि लगभग पांच महीनों तक उनका निजी कार्यालय, घर, बैठक और जीवन का हिस्सा भी बना रहा।

एक मिनीबस को नये सिरे से सुधार कर प्रदेश भ्रमण के लिए अखिलेश के लिए खासतौर से यह वाहन बनाया गया था। उस वाहन में उच्च क्षमतावाले आधुनिक लाउडस्पीकर और ब्लूटूथ टेक्नोलॉजी पर आधारित कॉर्डलेस माइक्रोफोन लगे थे। वाहन के भीतर 10 लोगों के बैठने की जगह थी।

क्रांति रथ के भीतर रात में जनसभा के लिये प्रकाश व्यवस्था के प्रबंध, आंतरिक जेनरेटर के माध्यम से पर्याप्त पावर बैकअप, मोबाइल फोन तथा लैपटॉप, कंप्यूटर की चार्जिंग तक की सुविधा थी। उसकी छत इस प्रकार की थी कि किसी भी मैदान के बीच खड़ा करके समूची बस को किसी भी जनसभा के मंच के रूप में इस्तेमाल किया जा सकता था।

अखिलेश ने चुनावी प्रचार के दौरान इस बस की सिर्फ एक कमी मीडिया के सामने स्वीकार की, 'सारी सहूलियतों के होते हुए भी यदि समाजवादी क्रांति रथ में कमी थी तो बस मेरे परिवार की। मैं जब भी घर लौटता था, मेरे बच्चे सो चुके होते थे या ज्यादा रात हो जाया करती थी। जनसंपर्क अभियान के लिये बहुत सबेरे जल्दी निकलना पड़ता था, इसलिए मुझे उनसे सुबह के समय भी मिलने का मौका नहीं मिल पाता था। तब या तो वे सोए होते थे अथवा स्कूल जा चुके होते थे। मेरा समस्त चुनावी प्रचार कार्यक्रम इतना व्यस्त था कि यह पहला अवसर था, जब मैं अपने परिवार के साथ ज्यादा समय नहीं बिता सका।'

क्रांति रथ का हर जगह भारी भीड़ ने स्वागत किया

इससे पहले अखिलेश अपनी नयी *उम्मीदों की साइकिल* पर प्रदेश में लगभग 200 कि.मी. की यात्रा तय कर चुके थे । गाजियाबाद, आगरा और नोएडा की चुनावी दूरियों को उन्होंने विशेषतौर पर इसी साइकिल पर तय किया था। वैसे प्रचार अभियान के अंतिम चरण में उन्होंने अनेक जनसभाओं को संबोधित करने के लिए हेलिकॉप्टर का भी सहारा लिया।

अखिलेश ने राज्य के सभी निर्वाचन क्षेत्रों में प्रचार-प्रसार अभियान संचालित किया था। चुनावी दौर में लोगों के साथ सीधा जनसंपर्क उनकी एक बड़ी उपलब्धि थी। इसी जनसंपर्क की बदौलत उन्होंने बहुत कम समय में ही 70 से ज्यादा उन उम्मीदवारों को सफलतापूर्वक बदल डाला, जिनके बारे में उन्हें इलाके के नेताओं के अतिरिक्त ई-मेल, ट्वीट्स तथा मोबाइल फोनों पर भी प्रतिकूल टिप्पणियां मिल रहीं थीं।

देश के सबसे बड़े राज्य उत्तर प्रदेश में लम्बे समय बाद, विधानसभा चुनावों के शुरुआती दौर में अखिलेश यादव का कोई वजूद नहीं उभर पाया था। जब उन्होंने साइकिल रैलियां और क्रांति रथ यात्राएं शुरू कीं तो पुरानी पीढ़ी को उनमें युवा

मुलायम सिंह यादव का वह जादू नज़र आया, जिसने अस्सी के बाद के दशकों में लगातार सियासी बढ़त हासिल की थी।

किसानों-अल्पसंख्यकों के हक, बेरोज़गारों के सपनों और छात्रों के हित के फैसले लेनेवाले नेता के रूप में विख्यात हो चुके और जनता को आसानी से सुलभ होनेवाले मुलायम सिंह यादव की समाजवाद सोच की खासियत यह रही है कि बदले ज़माने में वह 'हाथी' और 'कमल' के अलावा किसी को अपने वजूद के लिये आखिरी खतरा नज़र नहीं आती थी। इसी छवि के झंडे को उठाये अखिलेश यादव ने अपनी मुहिम शुरू की। जल्दी ही उन्हें पता चलना शुरू हो गया कि लोगों में मुलायम सिंह की समाजवादी पार्टी पर ही भरोसा बचा हुआ था।

पत्रकारों से बातचीत के दौरान अखिलेश ने बताया, 'चूंकि मैंने प्राथमिक तौर पर ही लगभग सभी निर्वाचन क्षेत्रों का दौरा कर लिया था और मेरे पास लोगों की त्वरित प्रतिक्रियाओं का भी एक डाटाबेस मौजूद था, इसलिए इस बात की जरा भी संभावना नहीं थी कि कोई भी किसी उम्मीदवार की लोकप्रियता की झूठी तस्वीर पेश कर सके या और लोगों तक कोई गलत संदेश जा सके।'

दिलचस्प बात है कि जब अखिलेश ने प्रदेश में चुनावों की तिथियों की घोषणा से तीन महीने पहले ही, सबसे पहले अपने रथ यात्रा कार्यक्रम की घोषणा की तो उनके अधिकतर विरोधियों ने उस पर टिप्पणी की थी। लेकिन किसी ने सोचा भी नहीं था कि यह रथ यात्रा कितने बड़े और किस स्तर के परिवर्तन का कारण बनेगी। सबसे रोचक बात यह है कि अखिलेश ने अपने पहले ही चरण में तकरीबन 300 विधानसभा निर्वाचन क्षेत्रों की यात्रा करने की ठान ली थी। वह भी बहुत तड़के शुरू होकर देर रात तक। यह कोई आसान फैसला नहीं था। किसी ने उनके इस रथ यात्रा निर्णय को अंधविश्वास के तौर पर देखा तो किसी ने इसे सपा सुप्रीमो मुलायम सिंह यादव के 1987 में चलाए क्रांति रथ के समानान्तर महत्त्व दिया।

मुलायम सिंह यादव 1989 में प्रदेश के मुख्यमंत्री बनने के पहले अपनी रथ यात्राओं से ही काफी प्रसिद्ध हुए थे। अखिलेश ने एक साक्षात्कार में खुलासा किया, 'यह रथ यात्रा अंधविश्वास तो बिल्कुल ही नहीं थी। जब नेताजी (पिताजी) ने रथ यात्रा प्रारंभ की थी तो उन्होंने राज्य की सड़कों और गलियों

में आम लोगों की प्रतिक्रिया को बारीकी से परखा था। उन्होंने देखा कि समाज के विभिन्न वर्गों के उन लोगों से मेलजोल के लिए, किस प्रकार के जनसंपक का किस प्रकार उपयोग किया जा सकता है, जो लोग समय या संसाधनों की कमी के चलते कभी किसी राजनीतिक रैली में भाग नहीं ले पाते हों। नेताजी ने 14 सितंबर 1987 को क्रांति रथ यात्रा आरंभ की थी, जबकि मैंने अपनी यात्रा का प्रारंभ 13 सितंबर 2011 को किया था। मुझे जरा भी संदेह नहीं था कि यह यात्रा 1987 की तरह के परिणाम नहीं देगी।'

अखिलेश क्योंकि पर्यावरण इंजीनियरिंग से संबंध रखते हैं, इसलिए उन्होंने इस यात्रा के उद्देश्यों को भी उतनी ही बारीकी से पहचाना। यह काम उनकी विशेषज्ञता के क्षेत्र से काफी अलग था। उन्होंने इसे इलेक्शन और इंजीनियरिंग के मेल से बना, एक नया नाम दिया *'इलेक्शनियरिंग'*।

अखिलेश ने *'इलेक्शनियरिंग'* के तहत फरवरी 2011 से ही विधानसभा चुनावों के लिए उम्मीदवारों की सूची को अंतिम रूप देना प्रारंभ किया, जो उनकी चुनावी रणनीति का एक अभिन्न हिस्सा था।

क्रांति रथ के बाहर मीडियाकर्मियों की बेताबी

जन सैलाब ने अखिलेश की चुनावी सभाओं को ऐतिहासिक बनाया

समाजवादी पार्टी के उम्मीदवारों की पहली सूची 9 अप्रैल को जारी की गई और तब 162 उम्मीदवारों के नाम घोषित किए गए। जुलाई तक लगभग सभी उम्मीदवारों के नामों की घोषणा कर दी गई । इसके बाद सितंबर में क्रांति रथ यात्रा के आरंभ होने तक उम्मीदवारों के पास अपने निर्वाचन क्षेत्रों की तैयारी करने का पर्याप्त समय था।

अखिलेश ने एक मौके पर कहा, 'इस यात्रा ने हमें ज़मीनी स्तर के मतदाताओं की नब्ज और उनके मिजाज़-रुझान को समझने तथा एक-एक कर सभी निर्वाचन क्षेत्रों के उम्मीदवारों की भावी रणनीतियों तथा क्षेत्र विशेष में वांछित तैयारियों को जानने का भी मौका दिया। इस यात्रा का सबसे अंतिम किंतु सबसे महत्त्वपूर्ण मकसद जनसभाओं के जरिए लोगों से मिलना और उनकी राय को जानना था । इससे उन लोगों को संबोधित करने का मौका भी मिला, जो प्रायः जनसभाओं में नहीं आ पाते।

समाजवादी क्रांति रथ के विभिन्न चरणों की सभी यात्राओं की अपनी-अपनी खासियतें थीं। प्रत्येक चरण, पिछले चरण से बेहतर और ज़्यादा कामयाब था।

पहला चरण: रथ यात्रा का प्रारंभिक चरण केवल तीन दिन लंबा था जो कि 12 सितम्बर से 14 सितम्बर 2011 के बीच चला। यह चुनाव अभियान 12 सितम्बर

को तब शुरू हुआ, जब उनका क्रांति रथ लखनऊ से बाहर निकला।

इस पहले चरण की सफलता ने ही समाजवादी पार्टी को पांच दिन बाद, दूसरे चरण को बेहतर तरीके से आयोजित करने का मार्ग प्रशस्त किया।

दूसरा चरण : क्रांति रथ का पांच दिन लंबा दूसरा चरण 19 सितंबर को प्रारंभ हुआ और बुंदेलखंड, कानपुर, उन्नाव, महोबा, झांसी और बांदा जिलों के तमाम चुनावी क्षेत्रों से होते हुए 24 सितंबर 2011 को संपन्न हुआ।

इसी दूसरे चरण के दौरान ही एक मौके पर अखिलेश ने कहा था, 'हमारी जनसभाओं में उमड़ता युवा जनसैलाब संकेत दे रहा है कि उत्तर प्रदेश की भ्रष्ट सरकार का अंत बहुत ही करीब है। इस भ्रष्ट सरकार को उखाड़ फेंकने में ये युवा जनभावनाएं ही सर्वाधिक महत्त्वपूर्ण भूमिका निभाएंगी। इस शासन के तानाशाही रवैये के खिलाफ हर जगह घोर निराशा और गुस्सा नज़र आ रहा है। सबको यकीन है कि इसका अंत समाजवादी पार्टी ही कर सकती है।'

बुंदेलखंड के कालपी में रथ यात्रा के दूसरे चरण के अंतिम दौरे के बीच उन्होंने कहा, 'मायावती सरकार ने बड़ी बेदर्दी और बेशर्मी से जनता की कमाई का पैसा

जहां भी क्रांति रथ पहुंचा लोगों का हुजुम उमड़ पड़ा

क्रांति रथ एक रेडिमेड मंच भी था

स्मारकों और मूर्तियां लगाने में फूंका है। उनकी सरकार ने विकास कार्यों की सरासर उपेक्षा की। इन स्मारकों और मूर्तियों को बनाने में कीमती पत्थरों के बेतहाशा उपयोग ने पर्यावरण के लिए भी गंभीर खतरा पैदा कर दिया है और उसका सबसे ज्यादा असर आम जनता पर पड़ा है। हर नजरिए से आज प्रदेश में आम जनता ही सरकार की मनमानी का खामियाजा भुगत रही है।'

तीसरा चरण : 28 सितंबर 2011 को समाजवादी क्रांति रथ यात्रा के तीसरे चरण की यात्रा के दौरान जिसमें 14 विधानसभा निर्वाचन क्षेत्रों में 300 कि.मी. का मार्ग तय किया गया। महज तीन दिन की इस यात्रा में उन्होंने हरदोई और शाहजहांपुर जिलों से सटे धूल भरे चुनाव क्षेत्रों का दौरा किया। यह यात्रा 30 सितंबर को लखनऊ में पूरी हुई। रथ यात्रा के इस चरण के पूरा होने पर अखिलेश ने गाज़ियाबाद में गांधी जयंती के मौके पर एक साइकिल रैली का प्रारंभ भी किया।

तीसरे चरण में अखिलेश ने बड़ी कामयाबी से लोगों को बताया कि किस तरह उत्तर प्रदेश सरकार ने स्मारकों, मूर्तियों और पार्कों पर हजारों-करोड़ों रुपये बर्बाद किये, मगर स्थानीय जनता को राहत देने के लिए कुछ भी करने की ज़रूरत नहीं समझी। जिन इलाकों में सस्ते अनाज, सड़कों या पीने के पानी की किल्लत

थी, उनके लिये एक-दो करोड़ रुपये की मामूली रकम तक खर्च नहीं की गयी। अखिलेश यह बताने से भी नहीं चूके कि किस तरह से कांग्रेस के नेतृत्व वाली यूपीए सरकार 2-जी स्पेक्ट्रम की बिक्री और राष्ट्रमंडल खेलों आदि के भ्रष्टाचार में शामिल रही है।

इस यात्रा में अखिलेश ने गांव और शहरों के लोगों को वोट का सही उपयोग करने और सही व्यक्ति को वोट देने का भी प्रचार किया। इसी चरण के दौरान राष्ट्रीय मीडिया का ध्यान अखिलेश की रथ यात्राओं पर गया। नतीजा यह निकला कि समाजवादी पार्टी के चुनाव प्रचार की सीधी तुलना दूसरी बड़ी पार्टियों के साथ होने लगी।

राष्ट्रीय समाचार माध्यमों में हर बुलेटिन में, अब अखिलेश के विवेकशील आचरण और जनसंपर्क की चर्चा होने लगी। उनके द्वारा न तो किसी भी तरह से अभद्र भाषा का प्रयोग किया जा रहा था और न ही किसी पर भी वह व्यक्तिगत विद्वेष दिखने की कोशिश कर रहे थे। अलबत्ता उन्होंने कई मौकों पर मजेदार राजनीतिक चुटकियां लेकर लोगों को चेताया कि किस तरह राजनेता जनता की गाढ़ी कमाई फूंक रहे हैं। एक मौके पर उन्होंने बिना नाम लिये कहा कि किस तरह से दलितों के हितों की बात करनेवाली मुखिया ने मुंबई से अपने पैरों के महज एक सैंडल को मंगवाने के लिए सरकारी हवाई जहाज का इस्तेमाल करके। लाखों रुपए बर्बाद कर दिए। क्या ऐसी सरकार को फिर से जिताना चाहिए या दूसरों को मौका देना चाहिए?

अखिलेश भले ही चुटकी लेकर खामोश हो गये, मगर लोगों ने साफ तौर पर समझ लिया कि किसे जिताना, किसे हराना है।

चौथा चरण : 8 जनवरी 2012 को रविवार की सर्द दोपहर में लखनऊ में क्रांति रथ यात्रा के चौथे चरण को हरी झंडी दिखायी गयी। हज़ारों लोगों की भीड़ के बीच अखिलेश यादव, लखनऊ की ऐतिहासिक टीलेवाली मस्जिद से अपने समाजवादी क्रांति रथ पर चढ़े और उन्होंने खदरा, शिया कॉलेज, विकास नगर आदि क्षेत्रों को पार करके टेढ़ी पुलिया तक की यात्रा की। इस यात्रा को भी भारी सफलता मिली। रथ यात्रा के दौरान जगह-जगह बड़ी संख्या में एकत्र आम जनता और समर्थकों ने यात्रा को कामयाब बनाया।

इस चरण में अखिलेश ने कहा कि नवाबों के शहर लखनऊ की अपनी अलग पहचान और एक खास तहजीब को प्रदेश सरकार ने तबाही की कगार पर लाकर

खड़ा कर दिया। गंगा-जमुनी तहजीब, अवध की कला-संस्कृति, रेजीडेंसी, प्रसिद्ध चिड़ियाघर, इमामबाड़े, भूलभुलैया, मंदिरों और चिकनकारी को बदरंग करके सरकार ने प्रदेश की राजधानी को कीमती पत्थरों की ऐसी इमारतों से पाट दिया, जिनका आम आदमी के लिये कोई उपयोग नहीं। लखनऊ के विश्वविख्यात किंग जार्ज मेडिकल कॉलेज की पहचान तक खत्म कर दी गयी।

इस चरण की यात्रा के दौरान लोगों ने जगह-जगह अखिलेश के स्वागत में फूलों की चादरें और पंखुड़ियां सड़कों पर बिछाकर उनका स्वागत करके यह जता दिया था कि लखनऊ की सभी सीटों पर अब तक काबिज दिग्गज पार्टियां धूल चाटने वाली हैं।

इसी यात्रा के दौरान अखिलेश मिनी स्टेडियम पहुंचे, जहां उस समय एक क्रिकेट टूर्नामेंट खेला जा रहा था। वहां आयोजकों ने प्रदेश सरकार की नाराज़गी की परवाह किये बिना उनसे क्रिकेट टूर्नामेंट के विजेताओं को पुरस्कृत करवाया। यहां अखिलेश ने कहा, 'हम सभी को खेल अच्छे लगते हैं। यह हमारे जीवन के लिए जरूरी भी हैं। लेकिन प्रदेश सरकार ने तो गोमती नगर के उस स्टेडियम को ही धराशायी कर दिया, जिसने देश को कई प्रसिद्ध खिलाड़ी दिये थे। अगर हमारी पार्टी सत्ता में वापस आयी तो हम राज्य में फिर से खेल की उसी संस्कृति को ज़िंदा कर दिखायेंगे, जिसे बेमौत मरने के लिये छोड़ दिया गया है।'

शिया कॉलेज के आसपास, जब मुसलमानों के एक विशाल जनसमूह ने क्रांति रथ रोका तो अखिलेश आननफानन नीचे उतर आये। उनके इस व्यवहार से प्रसन्न लोगों ने उनका भव्य स्वागत किया और कुछ बोलने की अपील की। अखिलेश ने तत्काल ही उन्हें भरोसा दिलाया, 'अगर समाजवादी पार्टी सत्ता में आई तो मुसलमानों के हितों की पूरी तरह हिफाजत की जायेगी। उनके ऊपर किसी भी तरह के ज़ोर-जुल्म को बर्दाश्त नहीं किया जायेगा।'

विकास नगर के पास क्रांति रथ को ऑक्सफोर्ड विश्वविद्यालय से डॉक्टरेट की डिग्री हासिल करने के बाद विश्वविख्यात आइआइएम में लगी-लगाई नौकरी छोड़कर सपा में सम्मिलित होने वाले प्रो. अभिषेक मिश्रा ने तथा सपा प्रत्याशी जूही सिंह के साथ क्रांति रथ को रोक लिया। यहां अखिलेश ने लोगों से कहा, 'सपा

सरकार बनने पर किसानों के हितों को नुकसान पहुंचाए बिना शहरों का भरपूर विकास किया जायेगा।'

लखनऊ के अन्य स्थानों पर भी अखिलेश का ज़ोरदार स्वागत और अभिनंदन किया गया। बाद में क्रांति रथ यात्रा बाराबंकी और सीतापुर की चार विधानसभाओं के विभिन्न निर्वाचन क्षेत्रों से भी होकर गुजरी। उन्होंने रात्रि में सीतापुर में पड़ाव डाला और फिर तड़के सुबह लखनऊ के विभिन्न निर्वाचन क्षेत्रों की यात्रा की। इन मौकों पर उन्होंने कहा कि बसपा सरकार भ्रष्टाचार में गले तक डूबी हुई है। उसने सरकारी खजाने का करोड़ों रुपया, दलित चेतना के नाम पर अनसुने-अनजान लोगों की आदमकद मूर्तियां लगवाने, पार्क बनवाने, तरह-तरह के गुंबद बनवाने, फिजूल फव्वारों और बेवजह बनवाई गयी आलीशान इमारतों पर फूंक डाला। अपने जीवनकाल में ही अपनी कीमती मूर्तियां लगवा डालीं।

पांचवां चरण : इस चरण की क्रांति रथ यात्रा 14 अक्तूबर को शुरू हुई और चार दिन बाद बदायूं में पूरी हुई। बरेली से प्रारंभ इस भ्रमण के दौरान अखिलेश ने पीलीभीत समेत तीनों जिलों में 15 निर्वाचन क्षेत्रों की यात्रा पूरी की।

अन्य पार्टियों के नेताओं के मुकाबले अल्पव्यस्क होने के बावजूद, इन जनसभाओं में अखिलेश के राजीतिक कद की विराटता सबके सामने आयी। वह विरोधियों पर चुनचुन कर हमले कर रहे थे। प्रदेश में अपने महान पिता के नेतृत्व में बनी सरकारों का जिक्र करने के साथ ही, लोगों को याद दिला रहे थे कि तब किस वर्ग व किस इलाके के लिये क्या-क्या किया गया था। चीनी मिलें कायम की गयीं। बिजलीघर, सड़कें, अस्पताल और स्कूल बने। लोगों को रोजगार मिला। सरकारी कामकाज में उर्दू को दूसरी भाषा बनाया गया। बिजली पैदा करने के लिये नये किस्म के कारखानों की स्थापना हेतु देश के बड़े उद्योगपतियों ने तैयारियां शुरू कीं।

छठा चरण : पांच चरणों में लगभग 60 विधानसभा निर्वाचन क्षेत्रों की यात्रा पूरी करने के बाद, चार दिवसीय क्रांति रथ यात्रा 2 नवंबर को बाराबंकी के राम स्नेही घाट से प्रारंभ होकर छठे चरण में बाराबंकी, फैजाबाद, गोंडा एवं बलरामपुर के 20 निर्वाचन क्षेत्रों से होकर गुजरी और बलरामपुर जिले के उतरौला में जाकर समाप्त हुई।

अपने इन दौरों में उन्होंने हर जगह, हर वर्ग के लोगों की शंकाओं का समाधान किया। एक मौके पर जब मीडिया ने उनसे पूछा कि सपा ने पहले यूपीए सरकार

को समर्थन क्यों जारी रखा तो बचाव की मुद्रा में आये बगैर ही उन्होंने पूछा, 'भाजपा को सत्ता से बाहर रखने के लिए और क्या किया जा सकता था? छलावे, भुलावे और झुलावे देनेवालों को जनता वोट ही क्यों देती है? खराब लोग राजनीति में आयेंगें तो दूसरे कम बुरे दलों से समझौते किये बिना उनका सामना कैसे किया जायेगा?'

सातवां चरण : 13 नवंबर 2011 को अयोध्या (फैजाबाद) से क्रांति रथ यात्रा के सातवें चरण का आरंभ हुआ और यह सफर 20 नवंबर, 2011 को गोरखपुर में पूरा हुआ। अपनी इस यात्रा में अखिलेश पूर्वी उत्तर प्रदेश के 40 से अधिक निर्वाचन क्षेत्रों तक पहुंचने में सफल रहे। इस दौरान उन्होंने लोगों को बसपा सरकार के कुशासन तथा शक्तियों के दुरुपयोग के बारे में बताया।

अखिलेश ने इस चरण की रथ यात्रा में फैज़ाबाद, बस्ती, संत कबीर नगर, कुशीनगर, देवरिया, महाराजगंज तथा गोरखपुर जिलों के सभी विधानसभा क्षेत्रों का भ्रमण किया। अनेक अवसरों पर उन्होंने कहा कि यदि केंद्र में कांग्रेस नेतृत्व वाली यूपीए सरकार अपने ही कारणों से गिर जाती है तो सपा उसे समर्थन नहीं देगी। इस दौर में भी अखिलेश ने सड़कों के किनारे जमा लोगों को कई जगहों पर संबोधित किया। उन्होंने भ्रष्ट नेताओं के काम करने के तौर-तरीकों और उससे जनता को हुए नुकसान के बारे में भी लोगों को बताया।

हमारे खानदानी प्रभाव वाले क्षेत्र और क्षत्रिय बहुल, बस्ती जिले की जनसभाओं में उन्होंने खुलासा किया कि इस बसपा शासन में किसानों को सिंचाई हेतु पानी और खाद तक मुहैया नहीं कराये गये थे। वे धान और गन्ने की फसलों के लागत मूल्य तक को निकालने में भी कामयाब नहीं हुए। कितने ही किसान इस कारणवश तबाह हो गये।

बुनकर बहुल इलाके संत कबीर नगर में, जगह-जगह उन्होंने बुनकर मेहनतकशों की समस्याओं की चर्चा करके, उन लोगों का दिल जीत लिया। अखिलेश यह वायदा करना नहीं भूले कि अगर सपा सरकार बनी तो बुनकरों के कल्याण के कदम पूरी ताकत से उठाएगी। मीडिया से बातचीत करते हुए उन्होंने बताया कि यदि समाजवादी पार्टी की सरकार बनी तो किस तरह वह बुनकरों को इज़्जत की रोटी, खुशहाली और नये मौके दिलायेगी।

आठवां चरण : 16 दिसंबर को अखिलेश ने क्रांति रथ यात्रा के आठवें दौर के लिये कूच किया। तीन दिवसीय इस यात्रा में उन्होंने शाहजहांपुर तथा तराई क्षेत्र के लखीमपुर जिले के विभिन्न निर्वाचन क्षेत्रों में संपर्क साधा। इन इलाकों में भी उन्होंने लोगों को सियासी हकीकतों और मतलबपरस्त नेताओं से हो चुके तथा होनेवाले खतरों का ज़िक्र किया। जैसे-जैसे अखिलेश की यात्राएं आगे बढ़ रही थीं, आगामी विधानसभा चुनावों में प्रदेश की जनता का मिजाज सामने आता जा रहा था। लंबे सफर से थके होने के बावजूद अखिलेश ने आठवें चरण के दौरान निघासा से धकेरवा तक की साइकिल यात्रा में भी भाग लिया।

इस दौर में एक जगह मीडिया ने जब उनसे पूछा कि राहुल गांधी अब यह कहने लगे हैं कि उत्तर प्रदेश की आज जो हालत कर दी गयी है, उससे वह बेहद नाराज़ हैं। इस पर अखिलेश ने अपने खास अंदाज़ में टिप्पणी की, 'उत्तर प्रदेश के हालात पर उन्हें अब तक गुस्सा क्यों नहीं आ रहा था। अब क्यों आ रहा है। आ रहा है तो ठीक बात है। नेता के जिस गुस्से से जनता का भला हो, वह गुस्सा अच्छा है, मगर राहुलजी सिर्फ गुस्सा ही क्यों कर रहे हैं। कुछ करने से उनकी सरकार और उन्हें कौन रोक रहा है। क्या मजबूरी थी कि अब तक उन्हें गुस्सा आया नहीं, आया तो पहले उन्होंने क्यों कुछ नहीं किया। हकीकत तो यह है कि अगर केंद्र सरकार का सिर्फ कोई एक विभाग असल में नाराज़ होता, तो महारानी जी सत्ता में ही नहीं होतीं।"

मीडिया से बातचीत में अखिलेश ने दावा किया कि अपनी क्रांति रथ यात्राओं की बदौलत सपा अब हर पार्टी से बहुत आगे निकल चुकी है। करीब 200 विधानसभा निर्वाचन क्षेत्रों में रथ यात्राएं, साइकिल यात्राएं, रैलियां, रोड शो, नुक्कड़ सभाएं, जनसभाएं और जनसंपर्क कर चुकी है और यह सिलसिला लगातार जारी है।

नौवां चरण : 3 जनवरी 2012 को अखिलेश की क्रांति रथ यात्रा का नौवां चरण बाराबंकी जिले से प्रारंभ हुआ और मुरादाबाद, बिजनौर होता हुआ कई अन्य निर्वाचन क्षेत्रों तक पहुंचा।

इस चरण की यात्राओं में मुसलमान मतदाताओं ने भी, मुलायम सिंह यादव के होनहार बेटे को अपने सपने पूरे होने की उम्मीद माना। बसपा और कांग्रेस सरकार द्वारा सच्चर कमेटी और रघुनाथ मिश्रा आयोग की रिपोर्टों को कार्यान्वित नहीं करने का ज़िक्र

उन्होंने कई मौकों पर किया। उन्होंने कहा ये नेता भी बढ़िया नाटक कर लेते हैं। एक तरफ प्रदेश सरकार मीडिया में, केंद्र सरकार के कपड़े फाड़ रही होती है, गोपनीय सरकारी चिट्ठियों पर सनसनीखेज़ खबरें बनवा रही होती है तो दूसरी ओर केंद्र सरकार बिना कुछ किये, महज सफाईयां ही देने में लगी होती थी। ज़रूरी कानूनों को लाने की कोई कोशिश नहीं कर रही थी। अखिलेश ने दावा किया कि केवल समाजवादी पार्टी ही अपने आदर्शों पर चलती है और अगर उसे मौका मिला तो वह इन रिपोर्टों पर अमल करेगी। मुसलमानों को आरक्षण दिलाकर रहेगी।

समाजवादी क्रांति रथ के इन सभी इन दौरों में अखिलेश बहुत ही निराले और अपने खास चुटीले अंदाज़ में मतदाताओं को समझाते नज़र आये।

सरकारी मनमानी, बेईमानी, तानाशाही और अपनी बदहाली से परेशान मतदाताओं के चेहरों पर उस समय मुस्कुराहट आये बिना नहीं रहती थी, जब अखिलेश उत्तर प्रदेश को अपनी जागीर समझनेवाली मुख्यमंत्री का जिक्र करते थे कि किस तरह हाथी पर सवार होकर उनकी सरकार ने जनता के अरमानों को रौंद डाला। केवल अपनी तुगलकी सनकों को पूरा करने के लिये, कीमती पत्थरों से बने पार्कों पर 40,000 करोड़ रुपये खर्च कर डाले। दलितों के नाम पर सत्ता हासिल करनेवाली मुख्यमंत्री के जूते-चप्पल भी बड़े अफसरों की देखरेख में, सरकारी हवाई जहाज में बैठकर लखनऊ आते थे। उत्तर प्रदेश में एक ऐसी मुख्यमंत्री का राज था, जिन्हें जनता दर्शन में जाना पसंद नहीं था। जिनकी रात-दिन सुरक्षा के लिये सैकड़ों अधिकारी और सिपाही तैनात थे। जिनके राज में गरीबों को पीने का पानी नसीब नहीं हो रहा था और उनके आने-जाने के रास्ते की सड़कों की रोज़ाना धुलाई में हज़ारों लीटर पानी खर्च होता था। जो सचिवालय में, खुद अपने दफ्तर पिछले दरवाज़े के रास्ते गुपचुप आती-जाती थीं। जिनके सामने खुद उनके नेताओं और अफसरों का कुर्सी पर बैठना गुनाह था। जिनके कमरे के बाहर बड़े से बड़ा अफसर और मंत्री जूते-चप्पल उतार कर जाता था। जो गांवों में जाना पसंद नहीं करती थीं। जिन्होंने किसानों-गरीबों को भले ही भूखा मार दिया हो, मगर दूसरे प्रांतों में बसे मूर्ति बनानेवालों, ठेकेदारों तथा माफियाओं की जेबें भरने का कोई मौका नहीं छोड़ा। करोड़ों रुपया खर्च करके, अपने खुद के बुत सरकारी खर्च से बनवाकर एक नया इतिहास रचा।

इन सातों चरणों की क्रांति रथ यात्राओं के दौरान देखनेवाला नज़ारा यह होता था कि जब अखिलेश बोल रहे होते थे, उनकी ओर टकटकी बांधे देखती दुखियारी जनता की आंखों में चमकती उम्मीदें कम रोशनी में भी जगमगाती-झिलमिलाती और कभी-कभी डबडबाती थीं। अपने चुनावी भाषणों में अखिलेश, मनमानी करनेवाली केंद्र सरकार और सनकी मुख्यमंत्री का जिक्र करके लोगों को आगामी चुनावों में बड़ा और कड़ा फैसला लेने को तैयार भी कर रहे थे। लोगों के दुःख तकलीफों तथा कमजोर पड़ती उम्मीदों को, जैसे अखिलेश नया हौसला, नयी ज़िंदगी और एक नया मकसद दे रहे थे।

मुख्यमंत्री पद की शपथ लेने के ठीक दस दिनों बाद, अखिलेश यादव ने रविवार 25 मार्च की सुबह अपने सरकारी आवास 5-कालिदास मार्ग में पूरे प्रदेश में समाजवादी पार्टी के प्रचार अभियान, साइकिल रैलियों, जनसभाओं तथा क्रांति रथ यात्राओं के संयोजकों तथा प्रमुख नेताओं तथा युवा नेताओं को भोजन पर आमंत्रित किया। कड़े परिश्रम के लिए उन सभी का आभार व्यक्त किया। उन्होंने अपनी पार्टी के इन सिपहसालारों से खुलकर बातचीत की, उनके साथ फोटो खिंचवाये और भोजन किया।

पत्रकारों में केवल आईएएनएस के एसोसिएट एडीटर मोहित दुबे इस मौके पर आमंत्रित थे। मैं, 5-कालिदास मार्ग से बाहर निकलते युवाओं से बातचीत करके ब्यौरा ले रहा था। इस मौके पर वहां एक प्राइवेट कैटरर को मेहमानों के लिए मजेदार भारतीय व्यंजन- छोले-भटूरे, पूरी-सब्जी और नवरात्रि के व्रतधारियों के लिए विशेष फलाहारी भोजन, फलों की चाट, प्रसिद्ध लखनवी लस्सी, केसर जलेबी तथा रबड़ी की भरपूर व्यवस्था के लिये तैनात किया गया था।

इस मौके पर प्रदेश के विभिन्न क्षेत्रों से आये पार्टी कार्यकर्ता अपने नेता अखिलेश यादव के लिये विभिन्न उपहार लेकर आये थे। उपहारों को स्वीकार करके अखिलेश ने सभी को अनुग्रहित किया। उन्होंने उन सभी से केवल एक ही अनुरोध किया कि वे आत्मसंयम व अनुशासन बनाये रखें। हर क्षेत्र में लोगों को यकीन दिलायें कि अब सभी के वे सभी जायज काम अविलंब होंगें, जिनकी जिम्मेदारी किसी सरकार की होती है। कार्यकर्ताओं से अखिलेश ने कहा कि अति उत्साह और जोश में कोई ऐसा काम न करें, जिससे उनकी पार्टी पर कोई धब्बा लगे।

अद्भुत नज़ारा था। बीच-बीच में अखिलेश ड्यूटी पर मौजूद अधिकारियों को उनके नाम से संबोधित करते और कुछ अति उत्साही कार्यकर्ताओं को उनके नाम से बुलाकर, संयम-अनुशासन में रहने की अपनी बात याद दिलाकर, कुछ डांट भी पिलाते।

अपने सिरों पर समाजवादियों की पहचान लाल टोपियां लगाये नेताओं, कार्यकर्ताओं और समर्थकों की खुशी और उत्साह का ठिकाना न था। उनके बीच उनके दिलों पर राज करनेवाला उनका नेता मौजूद था। उनकी आवभगत कर रहा था। अखिलेश खुद ही बारी-बारी से उन सभी पार्टी कार्यकर्ताओं के पास जाकर मिले, जो 300 विधानसभा निर्वाचन क्षेत्रों की क्रांति रथ यात्राओं के दौरान उनके साथ रहे थे। निजी तौर पर बहुत कम बोलनेवाले अखिलेश ने कहा कि नयी सरकार में जल्दी ही लोग खुद ब खुद राज्य में होने वाले सुखद बदलाव और जनता की उम्मीदों के मुताबिक लिये जानेवाले फैसलों पर अमल होते देखेंगे।

इस बीच घर की बड़ी बहू, प्रदेश के सबसे युवा मुख्यमंत्री अखिलेश की पत्नी डिंपल यादव के नेतृत्व में, घर की सभी प्रमुख महिलाओं और बालक-बालिकाओं ने, ईश्वर की परंपरागत वैदिक रीतिरिवाज़ से पूजा-अर्चना के साथ ही गृह प्रवेश की पवित्र रस्म अदा की। उसके बाद मेहमानों को भगवान का प्रसाद और चरणामृत भी बांटा गया।

इस मौके पर यादव परिवार के मुखिया, समाजवादी पार्टी के राष्ट्रीय अध्यक्ष मुलायम सिंह यादव, पूर्व में समाजवादी पार्टी के सभी चुनावी अभियानों के योजनाकारों के अगुआ अखिलेश के सगे चाचा तथा प्रदेश सरकार में मंत्री शिवपाल सिंह यादव के साथ ही अखिलेश ने सपत्नीक अपने नन्हें बच्चों अदिति, टीना व अर्जुन के साथ संपूर्ण मुख्यमंत्री आवास का मुआयना किया।

सादगी और सरलता के कायल मुलायम सिंह यह देखकर दंग थे कि जिस मुख्यमंत्री आवास में पांच साल पहले वह खुद रहे थे, उसे उत्तर प्रदेश को अपनी जागीर समझनेवाली *मुख्यमंत्री* ने एक ऐसे किले में बदल कर रख दिया था, जहां आम जनता का आगमन तो दूर एक परिंदा भी पर नहीं मार सकता था।

और चुनावों में ऐसा तख्ता पलट हुआ कि इसी अभेद्य किले के कोने कोने में, समाजवादी पार्टी के बड़े नेताओं के साथ ही, मामूली कार्यकर्ता भी टहलते घूम रहे थे। आम जनता के लिए पांच साल से वर्जित 5-कालिदास मार्ग की चिकनी सड़क आम आदमी कदमों, साइकिलों, रिक्शों, दुपहिया वाहनों और गाड़ियों के टायरों के तले रौंदी जा रही थी।

लोगों को रोकनेवाले तरह तरह के काले-पीले बैरियर मुंह उठाये, आसमान को ताक रहे थे।

7

युवा अपेक्षाओं से नाता

उत्तर प्रदेश में विधान सभा चुनावों की घोषणा होने से पहले ही यह लगभग तय हो चुका था कि प्रदेश में अगली सरकार बनाने का मौका समाजवादियों को ही मिलेगा। अखिलेश यादव की नये ज़माने की सोच, नये तौर तरीकों और एक नयी विश्वसनीयता ने भी इस माहौल को लगातार बदलने की भूमिका निभाई।

बीते पांच साल के दौरान हाशिये पर ढकेल दी गयी, समाजवादी पार्टी एक नये अवतार में अगर फिर से लोगों के दिलोदिमाग पर काबिज हो पाई, तो इसमें सबसे बड़ी भूमिका नयी पीढ़ी की थी। रही सही कसर और किसी भी तरह की ग़लतफहमी को दूर करने का काम पार्टी के घोषणापत्र ने कर दिया।

समाजवादी पार्टी का घोषणा पत्र भी, पार्टी के चुनावी नारे 'उम्मीद की साइकिल' की ही तरह था। यह घोषणा पत्र केवल उम्मीदें जगाता ही नहीं था, बल्कि उन्हें पूरी करने का भरोसा भी देता था। उत्तर प्रदेश की राजनीति में मुलायम सिंह यादव को जाननेवाले लोगों को तो हाथोंहाथ यकीन हो गया कि पार्टी घोषणा पत्र में जो कहा गया है, मुलायम सिंह उन वायदों को हर हाल में पूरा कर दिखायेंगे। घोषणा पत्र ने एक ही झटके में युवा मतदाताओं को समाजवादी पार्टी के साथ ला खड़ा किया। घोषणा पत्र जारी होते ही कांग्रेस, भाजपा और बसपा भौंचक्के रह गये। जनता को भुलावे, छलावे और झुलावे देनेवाले अवाक थे और बगलें झांक रहे थे।

कांग्रेस, समाजवादी पार्टी और लोकदल के युवा चेहरों की इसी प्रकार मीडिया तुलना कर रहा था (साभार : हिंदुस्तान टाइम्स)।

THE CONTENDER

Name: RAHUL GANDHI, 41

Party: Congress

Highpoint of campaign: Aggressive, articulate. He has been holding rallies and road-shows nailing opposition for bad governance over 22 years when Congress was out of power

Quotable quote: Give Congress a chance and we will bring UP back on the path of development.

THE INHERITOR

Name: AKHILESH YADAV, 37

Party: Samajwadi Party

Highpoint of campaign: Soft-spoken and straight. He demands that the Congress accounts for its work over 40 years since Independence

Quotable quote: People want change. The party that can deliver will get their support. We have a track record of setting up stadiums and colleges.

THE PRETENDER

Name: JAYANT CHAUDHARY, 34

Party: RLD

Highpoint of campaign: Speeches are loaded with statistics

Quotable quote: We have given an alternative to the people who are angry with the Mayawati-led dispensation. The Rashtriya Lok Dal-Congress alliance is a winning combination.

उन्हें बचाव का कोई रास्ता नजर ही नहीं आ रहा था। यह तय था कि जो भी पार्टी युवाओं के मन को जीतेगी, सत्ता उसे ही हासिल होगी।

बताते चलें कि बेशक अखिलेश यादव, राहुल गांधी तथा जयंत चौधरी, तीनों ने ही उत्तर प्रदेश के चुनाव प्रचार में दिलोजान से जीतोड़ मेहनत की, लेकिन जीत का सेहरा सिर्फ अखिलेश के सिर पर ही बंधा, क्योंकि उन्होंने एक सेनापति की तरह युद्धस्तरीय प्रचार-प्रसार अभियानों द्वारा, एक के बाद एक विधान सभा क्षेत्रों को समाजवादी पार्टी की झोली में डालने का काम किया। दूसरी ओर उनके समवयस्क राहुल भैया किसी राजकुमार की तरह उत्तर प्रदेश की जनता को जलील कर रहे थे। यूपी-बिहार के लोगों को महाराष्ट्र में रोजगार की भीख मांगनेवाले बता रहे थे। अपनी सभाओं के बजाय सपा की जनसभाओं जाकर फिजूल की बातें सुनने के लिये लानतें दे रहे थे। लोकदल के राजकुमार को लगता था कि कहीं के भी जाट उनके

अपने खानदान के बंधुआ वोटर हैं। इक्का दुक्का अन्य नेताओं के खानदानी चिराग़, उनके अपने घरेलू राजकुमार भी मोर्चे पर थे।

बड़ी अजीब हालत थी। जिस राजकुमार को देखो, अपने हाथ में पब्लिक को जलील करने वाले अल्फाज़ों का डडां, कोड़ा और हंटर लिये टहल रहा था। ये पॉकेट साइज़ राजकुमार अपनी हकलाती, लड़खड़ाती और अटकती ज़ुबान से जनता के मनोरंजन में तो लगे ही थे, साथ ही अप्रत्यक्ष रूप में समाजवादियों के ही वोट बैंक को भर रहे थे। जब वे राहुल भैया की नकल में जनता को कोसते थे, डांटते-फटकारते और लतियाते थे, जनता उनकी खिल्ली उड़ाने के बीच में ही तालियां पीट देती थी। जोश में आकर राजकुमार लोग, अगले ही डायलॉग में जनता को आसमान तक उठाकर जमीन पर दे मारते थे।

नतीजा यह हुआ कि इन राजकुमारों की जनसभाओं में बार-बार जलील होने से नाराज़ कुछ लोग काले झंडे लेकर भी पहुंचने लगे। ऐसा कांग्रेस महासचिव राजीव गांधी और राष्ट्रीय लोकदल के नेता जयंत चौधरी की जनसभाओं में भी हुआ और अन्य युवा नेताओं की जनसभाओं में भी। दूसरी ओर अखिलेश की जनसभाओं में मतदाताओं का महासैलाब हिलोरें मारता दिखता था।

तीनों प्रमुख युवा नेताओं अखिलेश, राहुल और जयंत, में बहुत-सी समानताएं थीं। देश-विदेश से शिक्षा प्राप्त तीनों को ही खानदानी राजनीति विरासत में मिली थी। तीनों ही उत्तर प्रदेश के सांसद हैं। बड़ा अंतर यह था कि 150 साल से ज़्यादा देश की सियासत को चलानेवाली कांग्रेस इतनी कमज़ोर थी कि सत्तर के दशक में वजूद में आये, लोकदल से चुनावपूर्व गंठजोड़ करके मैदान में उतरी थी। बीसवीं सदी के अंतिम दशक में बनी समाजवादी पार्टी के युवा प्रदेश अध्यक्ष के आत्मविश्वास का यह आलम था कि वह फिल्मी सितारों और दिग्गज नेताओं की बैसाखी के बिना ही, साथ न छोड़ने वाले, जुबान के पक्के और हर हाल में दोस्ती निभानेवाले अपने पिता मुलायम सिंह यादव की छवि के बूते पर 403 विधानसभा सीटों पर चुनाव लड़वा रहे थे।

सभी राजकुमारों में अगुआ राहुलगांधी के जोरदार प्रचार अभियान ने, निश्चित रूप से उनकी पार्टी की कमियों को दूर करने की कोशिश की। लेकिन कांग्रेस में तो हर नेता राजा-राजकुमार है। जनता से उनकी दूरी लगातार बढ़ती ही जा रही है।

अपने पिता को कंप्यूटर से उपयोगी जानकारी देते अखिलेश।

नतीजतन चुनावी नतीजे कांग्रेस की उम्मीदों और चुनावी पंडितों के आकलन से कहीं ज़्यादा कम थे।

राहुल गांधी ने अपने जबरदस्त चुनाव प्रचार के दौरान 200 से ज्यादा रैलियों को संबोधित किया था और नवंबर 2011 से अपनी पांच जन संपर्क यात्राओं के दौरान लगभग 3500 किलोमीटर की यात्रा की थी। सर्वविदित है कि राहुल गांधी के पिता, दादी और पड़दादा सभी इस देश के प्रधानमंत्री रहे हैं। सो उन्होंने इसी आधार पर मतदाताओं को रिझाने का प्रयास किया। कई मौकों पर तो उन्होंने यह भी कहा कि आपकी समस्याओं तथा तंगी की वजह यह है कि आपने कांग्रेस को वोट नहीं दिया, जिसके हाथ में केंद्र की तमाम योजनाएं हैं। उन्होंने कहा कि कांग्रेस अगर सत्ता में आई तो हम उत्तर प्रदेश को हमेशा-हमेशा के लिए बदल देंगे।

चुनावी नतीजों के बाद आखिरकार राहुल ने स्वयं ही यह कबूल किया कि चुनावों में उनकी पार्टी के कमतर परिणामों के लिए नैतिक रूप में वह खुद जिम्मेदार हैं। उन्होंने कहा कि उत्तर प्रदेश में उनकी पार्टी का संगठन और आधार बहुत

कमजोर था। दूसरी ओर आम जनता समाजवादी पार्टी को सत्ता में फिर से वापस लाना चाहती थी। इस प्रकार राहुल ने एक तरह से यह मान लिया कि अखिलेश के प्रयास, उनके प्रयासों से कहीं ज्यादा बेहतर तथा व्यापक थे।

चुनावों से ठीक पहले केंद्र में मंत्री बनाये गये अपने पिता चौधरी अजीत सिंह और दादा भूतपूर्व प्रधानमंत्री चौधरी चरण सिंह के नाम को लोकदल के राजकुमार जयंत चौधरी भुना नहीं पाये। जयंत अपनी पार्टी की बस कुछ ही सीटें बचा पाये। उन्होंने अपने चुनाव प्रचार के दौरान भूमि अधिग्रहण, भ्रष्टाचार और किसानों के साथ अन्याय के मुद्दे उठाये, मगर किसानों-ग्रामीणों तथा युवाओं पर कोई असर नहीं डाल पाये। नतीजतन चुनावों में राष्ट्रीय लोक दल किसी भी स्तर पर कोई महत्त्वपूर्ण उपलब्धि हासिल नहीं कर सका।

कांग्रेस-लोकदल गठबंधन के राजकुमारों के मुकाबले कम अनुभवी अखिलेश यादव ने पूरे चुनाव प्रचार के दौरान खुद को मर्यादित सीमाओं के भीतर ही रखा। उन्होंने इसी बात पर ध्यान दिया कि आम जनता एक समझदार नेता से क्या अपेक्षा करती है। भले ही मीडिया द्वारा सवाल पूछे जाने पर उन्होंने कुछ जवाबी प्रतिक्रियाएं दीं, परंतु वह अपने किसी भी विरोधी पर खुद हमला करने से बचते रहे। उन्होंने किसी भी मौके पर किसी का अपमान नहीं किया। अखिलेश ने पूरे राज्य में कुशासन विरोधी लहर पैदा की और अपनी पार्टी को उसका स्वाभाविक फायदा दिला दिया। जिसकी वह हकदार भी थी।

उन्होंने अपने जोशीले चुनाव प्रचार के दौरान बेहतर ढंग से यह साबित कर दिया कि असल में वह ही ग्रामीण और शहरी युवाओं के आदर्श और प्रतीक (यूथ आइकन) हैं। उन्होंने गांवों और शहरों दोनों ही क्षेत्रों में गरीबी, खेती-किसानी, मजदूरी, रोजगार, शिक्षा, सेहत, सामाजिक बुराइयों और सरकारी स्तरों पर फैले भ्रष्टाचार जैसे विषयों को बड़े जोर-शोर से उठाया।

जहां एक ओर दूसरी पार्टियों के राजकुमार हैलीकॉप्टरों पर चलते और हथियारबंद लश्करों की हिफाजत में नज़र आते थे, वहीं समाजवादी पार्टी के इस युवा चेहरे ने चुनावों के दौरान प्रचार में दिन-रात एक कर दिया। कभी वह सड़कों पर पैदल चलते तो कभी साइकिल पर। यद्यपि सभी राजनीतिक पार्टियों ने उत्तर प्रदेश में युवा मतदाताओं को रिझाने और आकर्षित करने में कोई कसर नहीं छोड़ी, मगर चुनाव परिणामों ने यह साबित कर दिया कि आज का युवा

किसके साथ है। अखिलेश की कामयाबी का कारण यह रहा कि उन्होंने जातीय संकीर्णता से ऊपर उठकर समाजवादी पार्टी को एक नया स्वरूप प्रदान किया और देश के सर्वाधिक आबादीवाले राज्य में चुनाव प्रचार को युवाओं की महत्त्वाकांक्षाओं के साथ जोड़ दिया।

लगता है समाजवादी पार्टी को बदलते युग में नया स्वरूप देने की सोच मुलायम सिंह यादव के दिमाग में पहले से ही थी। वरना अंग्रेज़ी का विरोध और हिंदी के हिमायत करनेवाला यह दूरंदेश खांटी नेता अपने बेटे को आस्ट्रेलिया में अंग्रेजी माध्यम से उच्चशिक्षा क्यों दिलवाता?

अखिलेश के नये विचारों से उनकी पार्टी के विरुद्ध, विरोधियों द्वारा तैयार वातावरण खत्म होता गया। उत्तर प्रदेश की जनता को भी यह यकीन हो चुका था कि कंप्यूटर और अंग्रेजी का विरोध दरअसल हिंदी और रोज़गार के हक में था। बदले ज़माने में जब हिंदी ने अंग्रेज़ी के शब्दों और कंप्यूटर को अपना लिया है और इससे लोगों को नये मौके भी मिल रहे हैं, तो इससे समाजवादियों को भला क्या तकलीफ हो सकती है।

जब अखिलेश ने बड़ी ईमानदारी के साथ अपनी पार्टी पर लगे दूसरे आरोपों, माफियाओं और अपराधियों के साथ गठजोड़ के कलंक को धोने की कोशिश की, तो इसे भी लोगों ने खुले मन से कुबूल किया। उन्होंने डॉन से राजनेता बने डी.पी. यादव को पार्टी में रखने पर रोक लगा दी।

हद तो यह थी कि जब अपने पिता के ज़माने से समाजवादी पार्टी के साथ निर्दलीय होने के बावजूद खड़े रहनेवाले, तमाम तरह के आरोपों में घिरे रघुराज प्रताप सिंह उर्फ 'राजा भैया' को जब उन्होंने मंत्रीमंडल में जगह दी, तो पहली बार लोगों ने यह पूछना शुरू किया कि 'राजा भैया' को किसी साजिश के तहत ही तो आज तक बदनाम नहीं किया गया।

चुनाव परिणाम घोषित होते ही, अखिलेश ने अपने पार्टी के नेताओं और कार्यकर्ताओं को 2014 के लोकसभा चुनावों के लिए तैयार रहने के निर्देश दिये। नेताजी मुलायम सिंह के साथी एक वयोवृद्ध नेता बताते हैं,"युवाओं का जिस तरह से हमें सहयोग मिल रहा है, हमें यकीन है कि हम अगले छह महीनों में उत्तराखंड, बिहार, राजस्थान और मध्यप्रदेश में भी अपनी पार्टी को मजबूत कर लेंगे।"

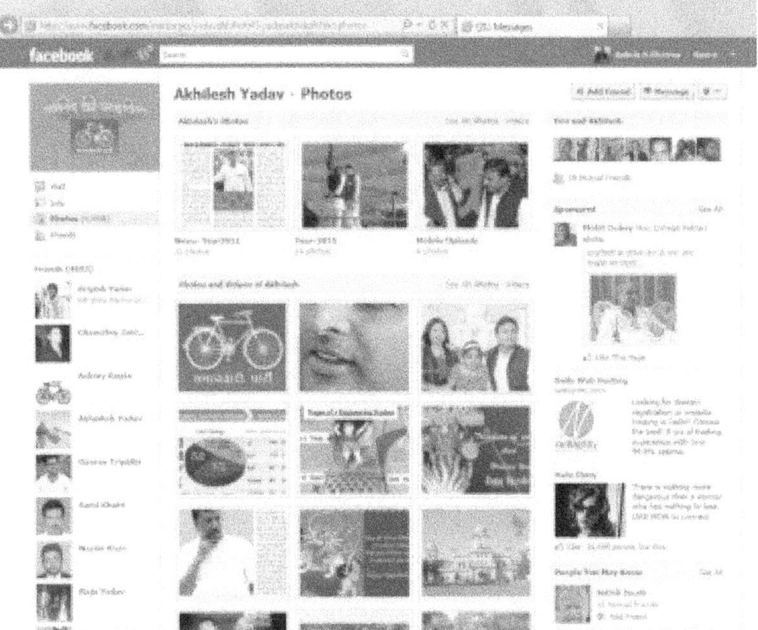

फेसबुक पर अखिलेश यादव

यह अखिलेश का ही असर था कि समाजवादी पार्टी रातोंरात युवाओं की पसंदीदा पार्टी बन गई। पार्टी ने 2012 के विधानसभा चुनावों के घोषणापत्र में वायदा किया था कि यदि समाजवादी पार्टी सत्ता में आई तो वह 12वीं कक्षा उत्तीर्ण करने वाले छात्रों को लैपटॉप और 10वीं कक्षा उत्तीर्ण करने वालों को पीसी (पर्सनल कंप्यूटर) उपलब्ध करायेगी। समाजवादी पार्टी ने पहली बार खुले तौर पर ऐलान किया कि वह कंप्यूटर उपयोग के विरुद्ध नहीं है।

शिक्षा पर जोर देते हुए समाजवादी पार्टी के घोषणापत्र में सभी छात्रों के लिए कक्षा 8 तक तथा लड़कियों के लिए स्नातक स्तर तक मुफ्त शिक्षा की भी घोषणा शामिल थी।

चुनावों से पूर्व कांग्रेस महासचिव राहुल गांधी ने मुसलमानों को रिझाने लिए उत्तर प्रदेश में जोरदार अभियान चलाया। इसके मुकाबले समाजवादी पार्टी ने पिछड़े मुसलमानों का आरक्षण, मुस्लिम बहुल इलाकों में कॉलेजों की

स्थापना तथा गरीबी रेखा से नीचे रहने वाले परिवारों के बच्चों के लिए फीस माफी का वायदा अपने घोषणापत्र में किया। समाजवादी पार्टी के हक में उत्तर प्रदेश के 18 प्रतिशत मुस्लिम वोटों ने बड़ी और एकतरफा भूमिका निभाई । चुनावी अभियान के आरंभिक चार महीनों में ही समाजवादी पार्टी के पक्ष में हवा बह चली थी।

समाजवादी पार्टी के घोषणापत्र में यह भी कहा गया था कि यदि उनकी पार्टी सत्ता में आई तो एक निश्चित समय के भीतर ही मायावती सरकार के ऊपर लगे भ्रष्टाचार के आरोपों की जांच के लिए एक जांच आयोग का गठन करेगी। साथ ही उस घोषणापत्र में उत्तर प्रदेश लोकयुक्त को गिरफ्तारी संभाग देकर अधिक शक्तिशाली बनाने का वायदा भी किया।

समाजवादी पार्टी ने जोरदार शब्दों में ऐलान किया कि वह राज्य में छात्र राजनीति पर मायावती द्वारा लगाई बंदिशों को भी खत्म कर देगी।

जब एक पत्रकार ने अखिलेश के चाचा तथा पुराने समय से समाजवादी सांसद डॉ. रामगोपाल यादव से यह पूछा कि क्या समाजवादी पार्टी उत्तरप्रदेश में अपने कामकाज में अंग्रेजी के उपयोग पर प्रतिबंध लगाएगी? तो उन्होंने पलट कर प्रश्नकर्ता से ही पूछ डाला, "जब हम लोग छात्रों को लैपटॉप और टैबलेट पीसी देने की वकालत कर रहे हैं, तो भला अंग्रेजी पर प्रतिबंध क्यों लगायेंगे?"

आक्सफोर्ड से डाक्टरेट उपाधि हासिल है अभिषेक मिश्र को।

पूरे संसार की वेबसाइटों पर निगरानी करनेवाली एजेंसी 'अलेक्सा' समेत विश्व के तमाम इंटरनेट विशेषज्ञों ने देखा कि उत्तर प्रदेश में विधानसभा चुनावों के दौरान यकायक ही सोशल नेटवर्किंग वेबसाइट *फेसबुक* पर 54,528 लोगों ने समाजवादी पार्टी के

नये चेहरे अखिलेश यादव से न केवल सीधी बातचीत की, बल्कि चर्चा खत्म होने तक उनके प्रशंसक भी बन गये। इस घटना को प्रसिद्ध अंग्रेज़ी दैनिक *इंडियन एक्सप्रेस* ने एक रिपार्ट में प्रकाशित भी किया था। पार्टी घोषणापत्र में छात्रों को लैपटॉप तथा टैबलेट पीसी दिए जाने की घोषणा से हर छात्र खुश था। यह उस पार्टी के नये अवतार की कामयाबी थी, जिसे कांग्रेस और भाजपा दकियानूसी बताते थे और बसपा गुंडों की पार्टी।

अखिलेश के प्रयासों से ही इंटरनेट पर समाजवादी पार्टी की वेबसाइट तैयार हुई जो नियमित अपडेट की जाती है । समाजवादी पार्टी की वेबसाइट को फेसबुक तथा ट्विटर से लिंक कर दिया गया है। साइट पर नियमित तौर पर समाजवादी पार्टी के राष्ट्रीय अधयक्ष के वक्तव्य, पार्टी गतिविधि यों, कार्यक्रमों, विज्ञापनों, सूचनाओं तथा अखिलेश की रैलियों और संभाषणों के वीडियो, ऑडियो-वीडियो तथा फोटो अपलोड किये जाते हैं। यह साइट नये जमाने में समाजवादियों के बीच संप्रेषण का सबसे महत्त्वपूर्ण माध्यम बन चुकी है।

खास बात यह भी रही कि एक ओर जबकि अपने समाजवादी क्रांति रथ के माध्यम से अखिलेश जगह-जगह युवाओं से रूबरू होते रहे और उनकी जनअपेक्षाओं को सुनते-समझते रहे, वहीं दूसरी ओर उन्होंने पार्टी के भीतर कई युवाओं को महत्त्वपूर्ण दायित्व सौंपे। अनेक नये चेहरों को उन्होंने चुनावी टिकट भी प्रदान किए। उन्होंने युवाओं से जो वादे किए थे, वे केवल खोखले वादे नहीं थे और न ही युवाओं की भावनाओं का फायदा उठाने के लिये गढ़े गये थे, बल्कि वाकई *उम्मीदों की साइकिल* के सफर की मंजिल थे।

समाजवादी पार्टी ने विधान सभा चुनावों में हापुड़ से किरन जाटव, पश्चिम इलाहाबाद से पूर्व क्रिकेटर ज्योति यादव, लखीमपुर से उत्कर्ष वर्मा तथा एटा से आशीष यादव को मैदान में उतारा। उत्तरी लखनऊ से अभिषेक मिश्र की तरह उत्कर्ष वर्मा और आशीष यादव ने अपने-अपने विधानसभा क्षेत्रों में जबर्दस्त कामयाबी भी हासिल की।

इंडियन एक्सप्रेस ने समाजवादी पार्टी के बारे में अपनी विशेष रिपोर्ट में स्पष्ट किया कि समाजवादियों ने उन इलाकों में भी अपना जनाधार तैयार किया है, जहां वह पहले कभी भी ताकतवर नहीं रही थी।

प्रदेश की राजनीति में पदार्पण के बाद से समाजवादी पार्टी ने लखनऊ की पांचों विधानसभाई सीटों में कोई सीट कभी नहीं जीती थी, लेकिन इस बार तीन सीटों पर उसने कब्जा कर लिया। राजधानी के बाहर भी पार्टी ने कांटे की टक्करवाली सभी सीटों पर विजय प्राप्त की।

युवाओं को तरजीह देने के मामले में समाजवादी पार्टी ने इस बार सारे रिकार्ड ध्वस्त कर दिये। उत्तरी लखनऊ से विजयी अभिषेक मिश्रा, समाजवादी पार्टी के एक ऐसे असंभावित उम्मीदवार थे, जिनका कोई पूर्व राजनीतिक इतिहास ही नहीं था। *मैनेजमेंट गुरु* रहे अभिषेक ने ऑक्सफोर्ड विश्वविद्यालय से पीएचडी उपाधि हासिल की। वह आईआईएम में प्रोफेसर थे और उनका सियासत में आने का कोई इरादा नहीं था।

एक साक्षात्कार में उन्होंने बताया, "अखिलेश भैया ने मुझे समझाया कि राजनीति में अगर अच्छे और उच्चशिक्षित युवा नहीं आयेंगे तो राजनीति का मैदान ग़लत किस्म के लोगों को मजबूरी में जगह दे देगा। आप नौकरी छोड़िए और देश सेवा कीजिए।" नतीजा वही निकला, जिसकी अखिलेश ने कल्पना की थी। चुनावी जंग में अभिषेक ने कांग्रेस के उम्मीदवार डॉ. नीरज बोरा को जबर्दस्त शिकस्त दी। भाजपा उम्मीदवार और कई सरकारों में ताकतवर मंत्री रह चुके, वयोवृद्ध स्थानीय सांसद लालजी टंडन के पुत्र आशुतोष टंडन तीसरे स्थान पर रहे। समाजवादी पार्टी के रविदास महरोत्रा ने भाजपा से मध्य लखनऊ की सीट छीन ली थी तो रेहान नईम ने पश्चिम लखनऊ में कांग्रेस के श्याम किशोर शुक्ला को पटखनी दे दी थी। उन जिलों में जहां समाजवादी पार्टी का कोई आधार नहीं माना जाता था, वहां भी चुनावों में सपा की दुंदभि बजी। बाराबंकी में सभी छह सीटों, अम्बेडकर नगर में सभी पांच सीटों, बलरामपुर में सभी चार सीटों, जेपी नगर में सभी तीन सीटों और संत रविदास नगर और श्रावस्ती दोनों जगहों में तीन-तीन सीटों पर समाजवादी उम्मीदवारों ने शानदार विजय दर्ज की थी और साथ ही अयोध्या विधानसभा सीट पर भी अपना कब्जा जमा लिया।

चुनावी नतीजों ने भी सिद्ध किया कि नयी समाजवादी सोच के नेता अखिलेश के हाथों में, उम्मीद की साइकिल का हैंडिल थमाकर, खांटी सोच के *नेताजी* ने विरोधियों को नेस्तनाबूद करने का जो फैसला लिया था, वह एकदम दुरुस्त था। अखिलेश की आधुनिक सोच ने समाजवादी पार्टी के पक्ष में न केवल युवाओं

को किया बल्कि बुजुर्गों को भी अपनी पार्टी के साथ एक ही झटके में ला खड़ा किया था।

अब सभी विरोधी दम साधे इंतजार कर रहे हैं कि 2014 के लोकसभा चुनावों में पहलवानी का शौक रखनेवाले, शिक्षक से राजनेता बने, सीधेसादे देहाती बाप का आधुनिक बेटा अपने पिता को तोहफे में कहीं हिंदुस्तान की राजगद्दी देने की तो नहीं सोच रहा?

जो लोग यह मान रहे थे कि मुलायम सिंह की पार्टी आखिरी हिचकियां ले रही है, आज खुद उनके प्राण गले में अटके हुए हैं।

8

बदले नियम मिली सफलता

समाजवादी पार्टी के नये और ऊर्जावान चेहरे, अखिलेश यादव को राजनीति तो विरासत में मिली है। सियासत के खेल की बारीकियों की भी उनको काफी स्वाभाविक समझ है। इसी के चलते उन्होंने अपने पिता की पार्टी को बदलते जमाने की सोच के मुताबिक नये रंग रूप में ढालने की सोची। समाजवादी पार्टी की परंपराएं निभाने के बावजूद, नये कारगर नियम बनाकर कामयाबी हासिल की।

सबसे पहले अखिलेश ने अपने पिता के ही सियासी उसूलों और तौर-तरीकों का पालन करना शुरू किया। दूसरी ओर उन्होंने 'गुंडों की पार्टी' के रूप में बदनाम हो चुकी अपनी पार्टी के हित में, अपने पिता की खास राजनीतिक शैली से हटकर, आधुनिक राजनीतिक प्रबंधन को अपनाया। आधुनिक प्रबंधन के अभाव की बदौलत ही उनकी पार्टी को बदली परिस्थितियों में नुकसान उठाना पड़ा था।

अखिलेश देख चुके थे कि उनके पिता की बेशुमार अच्छाइयों, अल्पसंख्यकों-दलितों-पिछड़ों को तरजीह देना, गांव-शहर के संतुलित विकास की फिक्र, बालिकाओं-छात्रों-युवाओं के लिये उदार नीतियां, महिलाओं, पूर्व सैनिकों, न्यायपालिका, कर्मचारियों, शिक्षकों, वकीलों, डाक्टरों, व्यापारियों व पत्रकार-बुद्धिजीवी वर्ग के हित में तमाम फैसले लेने, अपने साथियों की इज्जत, कद्र और

मदद करने के बावजूद, उनकी पार्टी राष्ट्रीय स्तर पर पनपना तो दूर उ.प्र. में ही हाशिये पर आती जा रही थी। इसलिए उनके सामने उत्तर प्रदेश में अपनी पार्टी के तौर-तरीकों, अनुशासन, चुनाव तथा सार्वजनिक छवि पर कठोर नियंत्रण के सिवा कोई चारा ही नहीं था।

अखिलेश ने प्रत्येक मामले में धीरे-धीरे मगर मजबूती से कदम बढ़ाए। शुरुआती तौर पर उन्होंने जनता को यह भरोसा दिलाते हुए, अपना कार्य प्रारंभ किया कि राज्य में अगर समाजवादी सरकार बनी, तो वह अराजकता या अनुशासनहीनता को किसी भी स्तर पर बर्दाश्त नहीं करेगी, अलबत्ता उससे बड़ी कड़ाई से निपटेगी। धर्म व जाति के आधार पर किसी के भी साथ, किसी प्रकार का भेदभाव नहीं किया जाएगा। अखिलेश ने भरोसा दिलाया कि अगर उनकी पार्टी की सरकार बनी, तो हर स्तर पर ईमानदार और कर्मठ अधिकारी नियुक्त किये जाएंगे। जो भी अपने काम में ज़रा सी भी कोताही बरतेगा उसके खिलाफ अत्यंत कठोर कार्रवाई की जायेगी। अपने पिता के समान ही अखिलेश भी हर जनसभा में केवल विकास के मुद्दों की ही चर्चा करते और अपने धुर विरोधियों के खिलाफ किसी भी प्रकार का व्यक्तिगत आक्षेप लगाने से बचते।

अपने पिता की सलाह को ध्यान से सुनते हुए अखिलेश

चुनावों के दौरान अखिलेश पूरे प्रदेश में लाल गांधी टोपी, सफेद कुर्ता, अलीगढ़ी पाजामा तथा बिना बांह की काली जैकेट पहने दिखाई देते थे। जहां भी उन्हें लोग मिलते, क्रांतिरथ रुकवा कर वह बातचीत करने के बाद ही आगे बढ़ते। सभी पार्टी नेताओं और कार्यकर्ताओं के लिए उनका सीधा व स्पष्ट संदेश था- *हमेशा तैयार रहें, बिना किसी शर्त के लोगों की लगातार मदद करें, कार्यकर्ताओं और समर्थकों का नेटवर्क बनायें।*

आरंभ में ही अखिलेश के सामने समाजवादी पार्टी को मजबूत बनाने और अपने नये विचारों तथा नई योजनाओं को कार्यान्वित करने का जिम्मा था। उनके सामने कई भारी भरकम बाधाएं भी खड़ी थीं। उनकी पार्टी में पुराने वक्त के नेताओं और उनके खानदानियों का दबदबा था। बदलाव, सुधार, अनुशासन, पार्टी प्रबंधन के किसी भी विचार को आसानी से पसंद नहीं किया जाता था। मजबूरन अखिलेश ने प्रदेश में चुनाव प्रचार के लिए प्रतिभाशाली युवाओं की एक स्वतंत्र तथा मजबूत टीम तैयार की।

नये जमाने के समाजवादियों की इस टीम में छात्र मोर्चे का प्रतिनिधित्व करने वाली सुनीता यादव, लोहिया वाहिनी के आनंद भदौरिया, युवजन सभा के नफीस अहमद के अलावा आस्ट्रेलिया की बांड यूनिवर्सिटी में एकाउंटिंग का अध्ययन कर चुके विजय चौहान, प्रसिद्ध रेडियो जॉकी नावेद सिद्दकी तथा शिक्षाविद् राजीव राय जैसे कुछ गैर-राजनीतिक नाम भी शामिल थे। अखिलेश की इस नयी टीम के प्रत्येक सदस्य को विशेष दायित्व सौंपे गए थे। ये लोग शिकायतों-जनप्रतिक्रियाओं, सुझावों, चुनाव सभाओं, साइकिल रैलियों, रथयात्राओं के आयोजन-समन्वय, विभिन्न गंभीर सूचनाओं के सत्यापन, निर्वाचन क्षेत्र प्रबंधन, प्रचार की रणनीतियों, मीडिया प्रबंधन और आवागमन आदि के कार्य देखते थे।

एक समाचार पत्र से बातचीत के दौरान नफीस अहमद ने माना, "पहले लोग सपा के यूथ विंग (युवा वाहिनी) को गुंडे कहते थे। अखिलेश भैया ने ऐसे कई वरिष्ठ नेताओं की गिरफ्त से युवा वाहिनी को बाहर निकाला।"

नफीस का एक उत्तरदायित्व पार्टी के अवांछित तत्वों की गुंडागर्दी पर नजर रखना भी था। उनकी रिपोर्ट पर इलाहाबाद में पार्टी की इजाज़त बिना, आनंद भवन के बाहर उ.प्र. कांग्रेस प्रमुख रीता बहुगुणा के खिलाफ विरोध करने वाले युवा समाजवादी कार्यकर्ता बाबुल सिंह को माफी मांगने के लिए

कहा गया। अखिलेश ने उसी वक्त कांग्रेस को यह भी भरोसा दिलाया था कि यदि सोनिया और राहुल इलाहाबाद आयेंगे तो सपा कार्यकर्ता उन्हें काले झंडे नहीं दिखाएंगे।

इस तरह के फैसलों से जनता के बीच भी अखिलेश की एक अलग ही साख बनती चली गयी। आरंभ से ही अखिलेश ने राजनीति को एक स्वस्थ लोकतांत्रिक प्रतिस्पर्धा की तरह अपनाया। जिसमें विरोधी को अच्छी तरह समझ कर एक बेहतर जीत की योजना बनाई जाती है, उनसे नफरत नहीं की जाती।

पार्टी मुख्यालय में भी उन्होंने कामकाज के अनेक नियम लागू कराये। चुनावी तारीखें नज़दीक आने से बहुत पहले ही, पार्टी के प्रदेश अध्यक्ष के रूप में अखिलेश यह निर्देश जारी कर चुके थे कि चुनावी टिकट सिफारिशों के आधार पर नहीं दिए जाएंगे। हर आवेदक को 20,000 रुपयों की जमानती फीस के साथ निर्धारित प्रारूप (फॉर्म) भरकर जमा करना होगा।

उन्होंने यह भी फैसला लिया था कि आवेदकों को अनिवार्य रूप से पार्टी के मुखपत्र *समाजवादी बुलेटिन* की आजीवन सदस्यता भी लेनी पड़ेगी। पार्टी की पत्रिका से जुड़े रहे एक नेता ने इसे सही ठहराते हुए कहा, "आवेदकों को पार्टी की विचारधारा और सिद्धांतों से परिचित कराना जरूरी है।"

पुराने समय के कई लोग इन बदलावों पर बेचैन भी नजर आये। विशेष-तौर पर जब उन्हें पता चला कि पार्टी में अब केवल पुराना होना ही नाकाफी है। उन्हें भी नये उम्मीदवारों की तरह आवेदन करना होगा और पार्टी प्रत्याशी चयन समिति के सामने पेश होकर साक्षात्कार भी देना पड़ेगा।

अचानक ही समाजवादी पार्टी ने सिफारिशी प्रत्याशियों और दबंगई दिखानेवाले नेताओं और कार्यकर्ताओं को बाहर का रास्ता दिखाना शुरू कर दिया। उनके पिछले चुनावी रिकार्ड, पार्टी आंदोलनों में भाग लेने, समय से पार्टी का सदस्यता शुल्क चुकाने, क्षेत्र में बेदाग छवि होने, पार्टी के कायदे कानूनों और निर्देशों की जानकारी होने और उनकी शैक्षिक काबिलीयत के आधार पर फैसले लेने शुरू कर दिये। तब किसी न किसी आधार पर बहुत से उम्मीदवारों का पत्ता ही साफ हो गया।

मसलन प्रदेश सरकार में मंत्री रहे सी.एम. यादव तथा संध्या कटारिया जैसे कई पुराने लोगों को भी पार्टी प्रत्याशी के चयन के मापदंडों पर खरा न उतरने के कारण

युवा समाजवादी नेताओं के साथ।

खाली हाथ लौटना पड़ा था। यहां तक कि यादव खानदान के अनेक रिश्तेदार भी नाकाम लौटे। खुद *नेताजी* मुलायम सिंह की एक नज़दीकी रिश्तेदार उर्मिला यादव को मैनपुरी से टिकट नहीं मिला। शिकोहाबाद से आये एक अन्य संबंधी हरिओम यादव भी खाली हाथ लौटा दिये गये। बाद में हरिओम यादव ने जब अपने क्षेत्र में जाकर सार्वजनिक तौर पर सबसे माफी मांगी कि उनसे गंभीर गलतियां हुई हैं, उन्हें माफी दी जाये, तब इलाके के प्रतिष्ठित लोगों की सिफारिश और माफी की अपील पर उन्हें टिकट दे दिया। इन सब फैसलों से प्रदेश के सभी जिलों में यह संदेश पहुंचने में देर नहीं लगी कि समाजवादी पार्टी मतदाता के हितों के आगे नज़दीकी रिश्तेदारों की भी नहीं सुन रही।

उधर जिन लोगों को समाजवादी पार्टी का टिकट मिला था, उनके लिए तो काम अभी शुरू ही हुआ था। अखिलेश ने सभी उम्मीदवारों को अपने-अपने निर्वाचन क्षेत्रों में बूथ-स्तर पर समितियां गठित करने का निर्देश दिया। जिन 13 उम्मीदवारों ने इन निर्देशों की अवहेलना करके बूथ समितियां नहीं बनायीं, उनके टिकट कैंसिल करने के नोटिस दे दिये गये। ऐसे उम्मीदवारों में गोंडा से पंडित सिंह, लखनऊ से रविदास मेहरोत्रा जैसे वरिष्ठ लोग तक शामिल थे।

पार्टी के प्रभाव को विस्तार देने के उद्देश्य से अखिलेश राजनीति में कई नये चेहरों को भी आगे लाए। इनमें हापुड़ की एक दलित युवती किरण जाटव थीं, जो उन विधवाओं के लिए लड़ रही थीं, जिन्हें प्रशासन ने वृद्धावस्था पेंशन देने से इंकार कर दिया था। अन्य लोगों में उ.प्र. क्रिकेट टीम के पूर्व कप्तान ज्योति यादव, इलाहाबाद से भाजपा के वरिष्ठ नेता लालू सिंह को पराजित करनेवाले लखनऊ विश्वविद्यालय छात्र संघ के पूर्व अध्यक्ष तेज नारायण पांडे तथा आईआईएम अहमदाबाद के प्रोफेसर की मोटी तनख्वाह छोड़कर समाजवादी पार्टी के मिशन को मजबूती देने वाले आक्सफोर्ड यूनिवर्सिटी में पढ़े अभिषेक मिश्रा शामिल थे।

अपने दृढ़ संकल्प और ऊंचे मनोबल के कारण ही अखिलेश ने जहां एक ओर विभिन्न बाधाओं के बावजूद करीब 10,000 कि.मी. की रथ यात्राएं, 250 कि.मी. की साइकिल यात्राएं पूरी कीं और 800 से अधिक चुनावी सभाओं को संबोधित किया; वहीं दूसरी ओर समाजवादी पार्टी के इतिहास में पहली बार पार्टी कार्यालय में भी आंतरिक अनुशासन व व्यवस्था कायम की। उम्मीदवारों के चयन के दौरान समाजवादी पार्टी कार्यालय किसी प्रबंधन संस्थान की तरह नजर आने लगा था। वहां बड़े से बड़ा और छोटे से छोटा नेता बड़े धीरज के साथ अपनी बारी का इंतजार करता था। हरेक प्रत्याशी के हाथों में उसका बायो-डाटा और अखबारों की कतरनों से भरी फाइलें नजर आती थीं।

ऐसे ही एक मौके पर अपनी बारी का इंतजार करते, कभी मुलायम सिंह यादव के साथ मंत्री रहे एक वरिष्ठ नेता ने एक समाचार पत्र को बताया था, "पार्टी में पिछले दो दशकों से बने रहने के बावजूद, यह मेरा पहला इंटरव्यू है।"

नीति-नियमों पर चलने वाले अनुशासनप्रिय अखिलेश निर्विवादित रूप से निराभिमानी, विनम्र और दृढ चरित्र के व्यक्ति हैं। जून 2009 से समाजवादी पार्टी के प्रदेश अध्यक्ष रहे अखिलेश की एक कद्दावर नेता के रूप में छवि पहली बार तब बनी, जब उन्होंने अपनी पार्टी के सबसे ज्यादा प्रतिष्ठित व हाई-प्रोफाइल नेताओं में से एक और नेताजी के आंख-कान कहे जाने वाले ठाकुर अमर सिंह को पार्टी से बाहर का रास्ता दिखा दिया। उनके इस फैसले में उनके चाचा और पार्टी के राष्ट्रीय महासचिव प्रो. राम गोपाल यादव की सहमति भी हासिल थी। अंततः जनवरी 2010 को अमर सिंह का इस्तीफा स्वीकार कर लिया गया। उस वक्त अखिलेश ने कहा था, "हमारा हर निर्णय

पार्टी के हित में है। हमारा लक्ष्य नये ज़माने की बदलती परिस्थितियों में पार्टी का पुनर्निर्माण है।"

अखिलेश ने अपने पिता मुलायम सिंह यादव के एक अच्छे शागिर्द के रूप में भी बदले हालातों में कई ऐसे फैसलों को बदलने के लिए पार्टी नेतृत्व को राज़ी किया, जिनका ताल्लुक उनके पिता और पार्टी के राष्ट्रीय अध्यक्ष *नेताजी* से था। एक सच्चे समाजवादी होने के नाते खुद मुलायम सिंह यादव ने इन कोशिशों को कामयाब बनाने में अग्रणी भूमिका निभाई।

मुस्लिम लंबे समय से समाजवादी पार्टी का मुख्य सहारा रहे हैं। मुस्लिम-यादव (एम-वाई) तालमेल की इस नीति को यह नाम रफीक-उल-मुल्क और मौलाना मुलायम की तर्ज पर मिला था। कहा जाता है कि अमर सिंह ने किसी तरह समाजवादी पार्टी के साथ ओबीसी जातियों को जोड़ने के लिये, *नेताजी* को निष्कासित भाजपा नेता कल्याण सिंह से हाथ मिलाने के लिये सहमत कर लिया था। यह फैसला ही 2009 के लोक सभा चुनावों में सपा के वजूद को खतरे में डालने का कारण बना। पार्टी का कोई भी मुस्लिम उम्मीदवार नहीं जीता और पार्टी सांसदों का कुल योग 23 तक चला गया।

आल इंडिया मुस्लिम पर्सनल लॉ बोर्ड के सदस्य जफरयाब जिलानी ने तब कहा था, "बाबरी मस्जिद की शहादत के गुनहगारों में से एक कल्याण सिंह से हाथ मिलाना, मुस्लिम समुदाय के लिए एक बड़ा धक्का था। मुसलमान मुलायम को कौम का बहुत भरोसेमंद नेता मानते थे।"

अखिलेश ने अमर सिंह की विदाई के बाद अनेक स्तरों पर समाजवादियों के बारे में मुस्लिमों में फिर से भरोसा पैदा करने की कोशिशें तेज कीं। इन कोशिशों को उनके पिता का खुला समर्थन मिला।

अंततः 15 जुलाई, 2010 को मुलायम सिंह ने एक आम माफीनामा जारी कर के, अपनी पार्टी की उस गलती का गुनाह अपने सिर ले लिया, जिसे उन्होंने हाल ही में पार्टी से किनारा कर चुके दोस्त की ज़िद्द की वजह से कुबूल किया था। दूसरी ओर मुसलमान भी समाजवादी पार्टी में आ रहे बदलावों को देखते हुए समझ चुके थे कि किस गलती का दोषी कौन था। मुसलमानों के साथ मुलायम के सौहार्द्र के लंबे रिकार्ड को देखते हुए सभी मुस्लिम नेताओं ने उनकी माफी को सिर माथे कुबूल किया।

इसके बाद समाजवादी पार्टी में, रामपुर के फायरब्रांड मुस्लिम नेता आज़म खां की वापसी की जमीन तैयार की गयी। उन्हें निकाले जाने के फैसले में भी अमर सिंह की ही बहुत बड़ी भूमिका थी।

4 दिसंबर 2010 आजम खां की पुनः पार्टी में वापसी हुई। आजम खां को विध ानसभा में नेता प्रतिपक्ष के पद पर पुनर्स्थापित करने के लिए, शिवपाल सिंह यादव ने अपना त्यागपत्र पेश कर दिया, किंतु आजम खां ने उनका इस्तीफा तत्काल ही टुकड़े-टुकड़े कर डाला। यह नज़ारा देखकर सभी की आंखें पसीज गयीं। मुलायम सिंह की आंखों में भी आंसू थे।

अखिलेश यादव का प्रदेश समाजवादी पार्टी अध्यक्ष बनना, सर्वशक्तिशाली समझे जा रहे अमर सिंह की विदाई और निष्कासित आजम खां की बाइज़्ज़त वापसी, इन तीन घटनाओं की वजह से 2010 में ही यह साबित हो चुका था कि समाजवादी पार्टी बहुत तेज़ी से, गलतियां सुधारकर खुद को नयी भूमिका निभाने के लिये तैयार हो रही है। इसके फौरन बाद ही समाजवादी पार्टी ने खुद पर थोपा गया *गुंडाराज* का तमगा नोच फेंकने की कोशिशें तेज़ कर दीं।

गुंडाराज छवि से आजाद होने में समाजवादी पार्टी को उन फैसलों से भी मदद मिली, जो पार्टी ने बिना किसी के दबाव में आये लिये। जब एक गिरोहबंद माफिया के रूप में बदनाम डीपी यादव को कुछ वरिष्ठ समाजवादियों ने पार्टी में दाखिल कराने की कोशिश की, तो अखिलेश अड़ गये। पार्टी के राष्ट्रीय प्रवक्ता मोहन सिंह ने डीपी यादव का समर्थन करते हुए बयानबाज़ी की, तो अखिलेश ने उनके भी पर कतर दिए। इसके साथ ही अन्य पिछड़ी जातियों में पार्टी के जनाधार को फैलाने के लिये गैर-यादव पिछड़े नेताओं विशंभर प्रसाद निषाद तथा राम आसरे कुशवाहा का कद ऊंचा करते हुए उन्हें पार्टी का राष्ट्रीय महासचिव बना दिया गया।

मुझे याद है, मैं 2010 में अपने ससुर डॉ. अशोक कुमार शर्मा के एक मित्र, साप्ताहिक अखबार *दी संडे पोस्ट* और साहित्यिक पत्रिका *पाखी* के संपादक अपूर्व जोशी के साथ, नेताजी मुलायम सिंह यादव से मिलने दिल्ली गया था। वह जंतर मंतर के पास अपने सरकारी आवास में पार्टी का टिकट चाहने वाले सैकड़ों लोगों से मिल रहे थे। नेताजी सभी को अखिलेश से मिलने का सुझाव भी देते जा रहे थे क्योंकि 2012 के विधानसभा चुनावों के लिए पार्टी के उम्मीदवारों के चयन का काम

उन्हीं के जिम्मे था। खुद नेताजी भी उसमें दखलंदाजी नहीं कर रहे थे और टिकट की अपेक्षा रखने वाले सभी लोगों को उनके कागज-पत्रों के साथ पार्टी के प्रदेश अध्यक्ष के पास भेजते जा रहे थे। इस पर अपूर्व जोशी बोले "समझ लीजिए, नेताजी अखिलेश को उ.प्र. में अपनी गद्दी सौंपनेवाले हैं। चुनावी तारीखों की अभी घोषणा तक नहीं हुई है और ये लोग जिस तरह से काम कर रहे हैं, उसकी बदौलत ये कम से कम 200 सीटें तो लेकर ही आयेंगे।"

उत्तर प्रदेश के मुख्यमंत्री बनने से ठीक दो दिन पूर्व, अखिलेश यादव ने पार्टी कार्यकर्ताओं के अति उत्साह पर लगाम लगाई। उन्होंने ऐलान किया, "समाजवादियों की जीत पर सार्वजनिक हंगामा करनेवालों को निकाल बाहर किया जायेगा, हंगामेबाजों को हमारे कार्यकर्ता नहीं माना जाये। ये लोग हमारी जीत से फायदा उठानेवाले, मौकापरस्त दलबदलू कार्यकर्ता हैं। स्थानीय स्तर पर पार्टी के पदाधिकारियों द्वारा ऐसे लोगों के खिलाफ पुलिस कार्रवाई भी कराई जाये।"

आम जनता के लिए यह भी भरोसे के माहौल की वापसी का संकेत था। ऐसे ही एक मौके पर अखिलेश ने अपनी ही पसंद के पदाधिकारी, पार्टी के सचिव राजीव राय को निलंबित कर दिया। राजीव से पार्टी विरोधी गतिविधियों तथा अनाधिकृत बयानबाजी पर सफाई मांगते हुए, उन्होंने यह साफ किया कि पार्टी की ओर से कोई भी वक्तव्य या बयान देने का अधिकार केवल पार्टी प्रवक्ता राजेंद्र चौधरी को दिया गया है। इसके फौरन ही बाद समाजवादी पार्टी में कुकुरमुत्ते की तरह पनपनेवाले बयानबाजों के मुंह पर ताला लग गया।

अखिलेश भी अपने पिता की तरह पुराने और नाकारे नियम बदलने व ज़माने की ज़रूरतों के मुताबिक नये उसूलों को अपनाने में यकीन रखते हैं। तंत्रमंत्र, ज्योतिष और चापलूसी को बहुत से राजनेताओं की कमज़ोरियों में माना जाता है। सभी धर्मों का समान आदर करने के बावजूद, अखिलेश को यह तीनों ही कमजोरियां छू तक नहीं पाई हैं।

समाजवादी पार्टी की अभूतपूर्व जीत के बाद, 10 मार्च को अखिलेश यादव को प्रदेश का अगला मुख्यमंत्री बनाये जाने की घोषणा की गयी। आननफानन ही पार्टी से अनुमति लिये बिना छुटभैये नेताओं-पदाधिकारियों के साथ ही दलाली और दबंगई करनेवालों ने, कालीदास मार्ग स्थित मुख्यमंत्री आवास से लेकर हजरतगंज

और अमौसी हवाई अड्डे तक के व्यस्ततम मार्गों को, मुलायम सिंह और अखिलेश यादव को बधाई देनेवाले विशाल होर्डिंगों से पाट दिया। अखिलेश ने उन्हें तुरंत हटवाने के आदेश दिये और दो वरिष्ठ समाजवादी नेताओं पर इसकी जिम्मेदारी सौंपी। अगले 10 घंटों के भीतर 5000 से अधिक वे सभी छोटे-बड़े होर्डिंग हटाए जा चुके थे।

इस फैसले के पीछे छिपा संदेश भी आइने की तरह साफ था। समाजवादी पार्टी ने हर किस्म की अनुशासनहीनता से, बिना किसी का लिहाज किये कड़ाई से निपटना शुरू कर दिया था।

9

निष्काम कर्म का महारथी

अखिलेश यादव स्पष्ट और संदेहरहित विचारों के स्वामी हैं। उनकी प्राथमिकताएं स्पष्ट हैं और वह परिणाम प्राप्त करने के तरीके जानते हैं। अपने कॉलेज के दिनों से आज तक, वह मानते आये हैं कि जिस नेता में नैतिकता नहीं, उसे राजनीति और शासन करने का हक नहीं।

अगर आप किसी से भी सफल भारतीय नेता बनने के गुणों के बारे में पूछें तो बहुत मुमकिन है कि आपको कोई अटपटा जवाब मिले । कई लोग कह सकते हैं कि नेताओं में ज़्यादातर अविश्वसनीय, समाज में फूट डालकर मतलब सीधा करनेवाले, चालबाज, बनावटी, दूसरों को मूर्ख बनाने की काबिलीयत और सत्ता हथियाये रखने के अपार लोभ से भरे होते हैं।

अखिलेश ने सबको प्रभावित किया है

अखिलेश यादव जैसे नेताओं पर इनमें से कोई भी कटाक्ष सही नहीं

बैठता। जनअपेक्षाओं के जिस दौर में, प्रचंड बहुमत से सत्ता में आई मायावती और देश के तीन प्रधानमंत्रियों के खानदान के चिराग़ राहुल गांधी पर लोगों ने भरोसा नहीं किया। कुछ ही वक्त पहले बड़े जोर-शोर से निर्वाचित ममता बनर्जी अपने अहंकार और विकास विरोधी मानसिकता के कारण, बहुत तेज़ी से अपना जनाधार खो रही थीं, राजनेताओं को खारिज किये जाने के उसी दौर में अखिलेश यादव ने लोकप्रियता की चरम को हासिल किया है।

इस युवा नेता से लोगों को उम्मीद है कि वह बहुत ही जल्द हर परिस्थिति पर काबू कर लेंगे। मेरे जैसे लोग तो कम से कम आगामी 30 साल तक उन्हें राजनीति के शिखर पर देखते हैं।

जनता खुश है कि आखिरकार प्रदेश को कोई ऐसा राजनेता तो मिला जो दूरदृष्टि, आदर्श व अनुशासित विचारधारा, बेहतर नीतियां और बेहतरीन कार्यपालन क्षमता रखता है।

पूर्व लोकसभा अध्यक्ष सोमनाथ चटर्जी, जिन्होंने सबसे पहले मुलायम सिंह यादव के इस बेटे में कुशल राजनेता बनने के लक्षणों को महसूस किया था। वह भी यह जानकर प्रसन्न थे कि अखिलेश भारत के सबसे बड़े राज्य का मुख्यमंत्री बनने जा रहे हैं। उन्होंने समाचार एजेंसी आईएएनएस के मोहित दुबे को बताया था कि उन्हें विधानसभा में पार्टी के नेता के रूप में मुलायम सिंह के 38 वर्षीय राजनीतिक वारिस के चुने जाने और इस फैसले की खुशी पर जनप्रतिक्रिया को देखकर बहुत प्रसन्नता है।

पूर्व लोकसभा अध्यक्ष ने यह भी कहा था कि 21 वीं सदी के भारत की राजनीति में युवा लोगों की बहुत जरूरत है। उनमें ज़माने की ज़रूरतों के मुताबिक सोचने, महसूस करने और फैसले लेने की बेहतर क्षमता है। चार दशकों तक संसद में अपनी प्रतिभा का प्रदर्शन करनेवाले सोमनाथ चटर्जी ने बताया था कि लोकसभा में मुलायम मेरे साथ ही बैठते थे। हमारे संबंध बहुत अच्छे थे। अखिलेश को देखने के बाद मैंने मुलायम से कहा था कि इस लड़के के काम में दखल मत करो। वह अपना रास्ता खुद बना लेगा। मुझे उम्मीद है कि वह खुद को उत्तर प्रदेश का सबसे बेहतरीन मुख्यमंत्री साबित करेगा।

रॉन सॉमर्स

खुद मुलायम सिंह ने आईएएनएस के साथ बातचीत में कबूल किया कि सोमनाथ दादा के सुझाव पर ही उन्होंने अखिलेश को अपना राजनीतिक भविष्य खुद लिखने की खुली छूट दी।

अमरीकी-इंडियन बिजनेस काउंसिल (यूएसआईबीसी) के प्रेसीडेंट रॉन सॉमर्स ने मार्च, 2012 के अंतिम सप्ताह में मुख्यमंत्री अखिलेश यादव से मुलाकात के तुरंत बाद वांशिगंटन से एक बयान जारी करके माना कि पूरा अमरीकी प्रतिनिधिमंडल उनसे बहुत प्रभावित था। कारपोरेट अमेरिका के इन नेताओं की राय थी कि भारत को ऐसे ही युवा नेताओं की जरूरत है। अखिलेश को उन्होंने देश की उस युवा आबादी का असल प्रतिनिधि माना जो बदलाव और प्रगति चाहती है।

मुख्यमंत्री के तौर पर अखिलेश यादव ने इस प्रतिनिधि मंडल से पूछा कि उत्तर प्रदेश में अमेरिकी निवेश बढ़ाने के लिए उन्हें कैसे फैसले लेने चाहिएं, क्या करना चाहिए जिससे उनका राज्य भारत के अन्य प्रगतिशील राज्यों से आगे निकल सके।

अपने बयान में अखिलेश यादव से बेहद प्रभावित रॉन सॉमर्स ने कहा कि "उत्तर प्रदेश के यह मुख्यमंत्री वाकई अपने राज्य को बहुत आगे ले जाने को आतुर हैं और उनमें हर तरह से नतीजे हासिल करने की क्षमता भी है।"

भारत में अमरीका की नयी राजदूत नैंसी पॉवेल के सम्मान में यूएसआईबीसी द्वारा आयोजित एक भोज में रॉन सॉमर्स ने कहा कि बहुत जल्दी ही वे नयी आशाएं, प्रगति की नयी उम्मीदें भारत-अमरीकी साझेदारी की वजह बनेंगीं जिनकी शुरुआत उत्तर प्रदेश में हो चुकी है।

अखिलेश का कार्यकाल कर्ज और देनदारियों से दबे उत्तर प्रदेश के खाली खजाने के बावजूद भारी जन सहयोग के साथ शुरू हुआ। भारी मतों से जीतकर आने के बावजूद उनके मंत्रिमंडल में आपराधिक या भ्रष्टाचार के आरोपों से घिरे दो दर्जन लोगों को शामिल नहीं किया गया।

मुख्यमंत्री बनते ही अखिलेश ने कड़ी चेतावनी जारी की, "हमारी सरकार कहीं भी, किसी भी प्रकार की अनुशासनहीनता बर्दाश्त नहीं करेगी। कानून व व्यवस्था हमारी सबसे पहली प्राथमिकता होगी, जो कोई भी इसके बीच आयेगा उसे परिणाम भुगतने होंगे।"

समाजवादी पार्टी के लखनऊ स्थित प्रदेश मुख्यालय के सभाकक्ष में सभी मंत्रियों के साथ, लगभग ढाई घंटे चली एक गुप्त बैठक में *नेताजी* ने भी अपनी पार्टी का *आगामी एजेंडा* साफ कर दिया, "अनुशासन में रहो, नहीं तो सजा भुगतने को तैयार रहो।"

उस सभा में शामिल रहे लोगों ने यह खुलासा किया कि समाजवादी पार्टी के मुखिया ने अतिउत्साही पार्टी कार्यकर्ताओं द्वारा विजयोत्सव मनाने के दौरान हंगामेबाज़ी और कई जगहों पर हिंसा पर भी कठोर शब्दों में नाराजगी जताई। उन्होंने मंत्रियों को अपने कार्यक्रमों में हथियारों के प्रदर्शन और हुल्लड़बाज़ी को रोकने का निर्देश भी दिया। आमतौर पर कड़े शब्दों से परहेज करनेवाले मुलायम सिंह ने शायद पहली बार इतनी कठोरता से अपने लोगों को हद में रहने की ताकीद की। उन्होंने कहा कि किसी भी स्तर पर जहां भी गड़बड़ी होगी, कार्रवाई करते समय किसी का लिहाज नहीं होगा। भ्रष्ट गतिविधियों में लिप्त किसी भी व्यक्ति को माफ नहीं किया जायेगा।

इस बैठक को पार्टी के प्रदेश अध्यक्ष व मुख्यमंत्री अखिलेश यादव, आजम खां और अन्य मंत्रियों ने भी संबोधित किया। सभी ने इसी लहजे में अपने पदाधिकारियों व मंत्रियों को हर प्रकार की अनुशासनहीनता, हंगामेबाज़ी और बेलगाम लोगों पर कड़ाई से काबू करने के निर्देश दिये।

इसके फौरन बाद अखिलेश ने पार्टी की कानपुर इकाई के सात लोगों को सार्वजनिक स्थानों पर जीत की खुशी मनाने के बहाने हथियारों के प्रदर्शन तथा हंगामा करने के कारण पार्टी से निकाल दिया।

प्रधानमंत्री डॉ. मनमोहन सिंह के साथ पहली बैठक

इस प्रकार की कोशिशों ने भी अखिलेश यादव सरकार के बारे में जनता की अच्छी धारणा को बेहतर और मजबूत बनाया। उनके तौर-तरीकों से लोगों में नयी उम्मीदें जागीं और समाज के हर वर्ग और यहां तक की गरीब व अशिक्षित जनता ने भी इस बात की वकालत करनी शुरू कर दी कि अखिलेश की सरकार को समस्याओं से निबटने के लिए कुछ ज़्यादा वक्त मिलना चाहिए।

अप्रैल के दूसरे सप्ताह में मुख्यमंत्री अखिलेश यादव ने दिल्ली में प्रधानमंत्री मनमोहन सिंह से भेंट की और उनसे मनरेगा जैसी केंद्रीय योजनाओं के लिए बजट, इलाहाबाद में कुंभ मेला, गंगा की सफाई तथा राज्य को कोयले की आपूर्ति बनाये रखने में सहायता मांगी। उन्होंने प्रधानमंत्री के साथ अपने राज्य के लिए आवश्यक कार्यक्रमों और नीतियों की विस्तार से चर्चा की तथा उन योजनाओं व विचारों को कार्यान्वित करने के लिए केंद्रीय सहायता के बारे में भी चर्चा की। बैठक के बाद उन्होंने पत्रकारों को बताया कि हमने राज्य के लिये किसी विशेष पैकेज की मांग नहीं की। केवल मनरेगा, सड़क, कोयला आपूर्ति में कमी, कुंभ मेले तथा गंगा सफाई परियोजना सहित महत्त्वपूर्ण विषयों पर ही बातचीत हुई।

मुख्यमंत्री ने बताया कि प्रधानमंत्री ने हमें भरोसा दिलाया है कि राज्य में क्रियान्वित सभी योजनाओं के लिए धन उपलब्ध कराया जायेगा।

उत्तर प्रदेश के मुख्यमंत्री ने कहा कि राज्य में सड़क, बिजली और पेयजल समाजवादी पार्टी की सरकार के लिये बुनियादी मुद्दे हैं। इन्हीं पर बैठक में ज़ोर दिया गया। उन्होंने बताया, "हमने प्रधानमंत्रीजी से कहा कि अगले पांच वर्षों हेतु, उ.प्र. में चिन्हित क्षेत्रों की निर्धारित केंद्रीय योजनाओं के लिए 70,000 करोड़ रूपए की केंद्रीय सहायता का राज्य को सुगम हस्तांतरण कर दिया जाये। इन कार्यक्रमों की विभिन्न शीर्ष मदों में वांछित 72,857.96 करोड़ रुपये का विस्तृत विवरण भी प्रधानमंत्री जी को सौंपा गया।

इस विवरण में तीन नक्सल प्रभावित जिलों में 771 ग्रामीण रक्षा समितियों के गठन के लिए 12 करोड़ रुपये से लेकर केंद्र सरकार द्वारा प्रायोजित इंदिरा आवास योजना में 30 लाख घर बनवाने के लिए 14,500 करोड़ रुपयों का ब्यौरा दिया गया है। केंद्र द्वारा इन कार्यों हेतु धन दिया जायेगा तभी विकास कार्यों का लाभ आम जनता तक पहुंचेगा। यदि प्रदेश तरक्की करेगा, तो देश भी आगे बढ़ेगा।

उन्होंने बताया कि हमने केंद्र से किसी भी प्रकार के पैकेज की मांग नहीं की है, केवल विभिन्न योजनाओं के अंतर्गत उत्तर प्रदेश के लिए वचनबद्ध व्यय को जल्दी अवमुक्त करने की मांग की।

मुख्यमंत्री ने यह भी बताया कि हमने प्रधानमंत्री को प्रदेश में 2000 मेगावाट बिजली की कमी के बारे में भी याद दिलाया तथा राज्य में ज़्यादा-से-ज़्यादा निजी निवेश आकर्षित करने के लिये जरूरी दो तापीय बिजलीघरों के लिये 4.90 लाख टन कोयले की आपूर्ति में शीघ्रता लाने की प्रार्थना भी की। इस मौके पर उन्होंने यह भी दोहराया कि उनकी सरकार के लिए कानून व्यवस्था सर्वोच्च प्राथमिकता का मुद्दा है।

दिल्ली में जब वह प्रधानमंत्री से मिलकर निकले तो पत्रकारों ने उनसे पूछा कि क्या उनकी सरकार मायावती के नेतृत्व वाली सरकार के भ्रष्टाचार के मामलों में जल्दी कार्रवाई करेगी? अखिलेश ने जवाब देने में एक क्षण भी नहीं लगाया, बोले कि इस मामले में कानून को अपना काम करने दीजिए, नतीजे अपने आप सामने आ जायेंगे। उन्होंने बिना किसी का नाम लिये कहा, "जिन्होंने अनावश्यक पार्कों को

बनवाया, हाथियों और खुद की मूर्तियां बनवाई, मतदाताओं ने उन्हें पहले ही बाहर का रास्ता दिखाकर सजा दे दी है।"

अखिलेश को प्रदेश की जनता की उम्मीदें पूरी करने की जल्दी तो है, मगर वह राजनीतिक प्रतिशोध और सत्तामद में चूर होकर किसी से निजी हिसाब-किताब बराबर करने की सोच कतई नहीं रखते। उनकी सोच उनके इरादों, नीतियों और कार्यक्रमों के क्रियान्वयन में दिखती है।

10

अंतर्मन के भेद

पिछले ग्यारह वर्षों से राजनीति में होने के बावजूद, 2012 के विधान सभा चुनावों के साथ ही अखिलेश यादव को वह प्रतिष्ठा मिली, जिसके वह हकदार थे। देश-भर के जो पत्रकार कुछ समय पहले तक गांधी परिवार के मुकाबले अखिलेश को महत्त्व तक नहीं देते थे, आज अखिलेश की हरेक गतिविधि और प्रतिक्रिया को बहुत संजीदगी से प्रमुखता देते हैं।

विदेश में तालीम हासिल करने के बावजूद, अखिलेश भी *धरतीपुत्र* कहे जानेवाले अपने पिता की ही तरह, हमेशा वास्तविकता की जमीन से जुड़े नज़र आते हैं। वह ऐसे इंसान हैं, जो बिना किसी परेशानी के उत्तर प्रदेश की ऊंची-नीची ज़मीन, धूल धक्कड़ भरे रास्तों पर चल सकते हैं और नफीस अंग्रेज़ी जानने के बावजूद हिंदी में बात करना ज़्यादा पसंद करते हैं। अखिलेश की यह छवि मीडिया की देन नहीं बल्कि उनके कुदरती स्वभाव का आइना है। ईमानदारान कोशिश, विनम्रता, नेक इरादों, हिंदुस्तानियत, सच्चाई व तत्परता ने ही उन्हें लोगों का लाड़ला और प्रिय बना दिया है।

अखिलेश ने कई मौकों पर पूरी ईमानदारी के साथ कहा है कि चाहे जिन भी कारणों से समाजवादी पार्टी की छवि गुंडों की पार्टी के तौर पर बनी हो, भविष्य में किसी कीमत पर ये हालात पैदा नहीं होने दिये जायेंगे। उन्होंने सपा की छवि

बदलने की कोशिशें हर स्तर पर की। मसलन उन्होंने नये मॉडल की साइकिलों पर साइकिल रैलियां निकालीं। अपनी रैलियों और क्रांति रथ यात्राओं के दौरान, कभी भी उन्होंने अपने हाथ में सदा रहनेवाले ब्लैकबेरी मोबाइल को छिपाने की कोई कोशिश नहीं की। पार्टी के पुराने लोगों द्वारा मज़ाक उड़ाए जाने के बावजूद उन्होंने अपनी पार्टी के घोषणापत्र में छात्रों को निःशुल्क लैपटाप और टेबलेट पीसी देने के वायदे को शामिल कराया तथा पार्टी मुख्यालय में आधुनिक कंप्यूटरों की स्थापना कराई। शर्तियां जीतने का दावा करनेवाले बाहुबलियों के बजाय उच्च शिक्षित प्रोफेशनल लोगों को टिकट दिये। पार्टी में दबाव और सिफारिशों के लिहाज के बिना मेरिट पर फैसले कराये। देखते-देखते ही अखिलेश आश्चर्यजनक ढंग से उत्तर प्रदेश का आधुनिक प्रतीक बनकर उभरे। उन्होंने बड़ी कुशलता से लोगों के दिलों पर कब्जा कर लिया। मतदान के पहले दो चरणों के बाद ही कांग्रेस को अपना अस्तित्व खतरे में नज़र आने लगा था, फलस्वरूप राहुल ने ऐलान किया कि उ.प्र. में सबसे बड़ी पार्टी बनने के बावजूद वह सपा को समर्थन नहीं देगी। जैसे-जैसे चुनाव प्रचार में अखिलेश की पार्टी ने बढ़त हासिल करनी शुरू की, कांग्रेस ने अखिलेश पर हमले बढ़ा दिये। कुछ कांग्रेसी नेताओं ने यहां तक कहा कि यदि कांग्रेस पार्टी सरकार न बना सकी तो वह राष्ट्रपति शासन को प्राथमिकता देगी।

आंतरिक तौर पर अखिलेश तथा राहुल की कार्यशैली में काफी समानता है। दोनों ही पार्टी कार्यकर्ताओं और पेशेवर दल के साथ काम करते हैं। दोनों ही तकनीक और विकास की बात करते हैं। इसके बाद दोनों की सोच के बीच गहरा फासला नज़र आने लगता है। जैसे राहुल जब किसानों की समस्याओं के बारे में बात करते हैं, तो ऐसा लगता है कि वह कुछ रटी-रटाई बातें बोल रहे हैं। जब अखिलेश बोलते हैं तो लगता है कि वह समस्याओं को जानते हैं। उत्तर प्रदेश के दौरों में राहुल के भाषणों में राष्ट्रीय और प्रादेशिक मुद्‌दों की खिचड़ी परोसी जाती थी। जबकि अखिलेश केवल उत्तर प्रदेश के स्थानीय मुद्‌दों तक ही सीमित रहते थे।

उत्तर प्रदेश विधानसभा चुनावों में हैरतअंगेज़ जीत हासिल करने से दो सप्ताह पहले अखिलेश यादव ने विश्वविख्यात वेबसाइट *रेडिफ डॉट कॉम* (www.rediff.com) को अपनी प्राथमिकताओं के बारे में वरिष्ठ पत्रकार शरत प्रधान तथा साई सुरेश शिवास्वामी को बताया था। अपने पिता के आवास,

5-विक्रमादित्य मार्ग पर दिये गये उस साक्षात्कार में अखिलेश के अंतर्मन की भावनाओं का अंदाज़ा संपादित साक्षात्कार से लगाया जा सकता है :

रेडिफ डॉट कॉम : उत्तर प्रदेश में मतदान के पहले तीन चरणों में मतदाताओं का एक बड़ा प्रतिशत शामिल नहीं हुआ। क्या आप इस बात से परेशान हैं?

अखिलेश : हमारे लिए यह अच्छा ही है, जब चुनावों में बड़ी संख्या में मतदाता विमुख होते हैं, जैसा हमने देखा है, तो वे सदा सरकार के विरुद्ध होते हैं। पिछली बार भी ठीक ऐसा ही हुआ था, जब मतदाताओं ने समाजवादी पार्टी की सरकार को ही बाहर का रास्ता दिखाया था। हम बड़ी आशा से देख रहे हैं कि लोगों का जो प्रतिशत इस बार ज्यादा मतदान कर रहा है, वह क्या रंग दिखाता है? ये बढ़े हुए मतदाता युवा हैं। मुझे उम्मीद है कि युवा मतदाता इस सरकार को सत्ता से बाहर कर देंगे। मुझे पर पक्का यकीन है। पिछली बार हमने जिन स्थानों पर बहुत कम मतदान देखा था इस बार उन स्थानों पर भी बहुत अच्छा मतदान हुआ है और बहुत से लोगों ने वोट नहीं भी डाला। मैं समझता हूं, कि जो भी वोट आ रहे हैं वे सरकार के विरोध में हैं। इस सरकार ने मूर्तियां बनवाने, संगमरमर लगाने और अन्य कई चीजों में जनता के पैसा लगाकर जो उसका दुरुपयोग किया है - उससे लोग तंग आ चुके हैं। लोग सरकार के खिलाफ हैं, वे इसे उखाड़ फेंकना चाहते हैं।

रेडिफ डॉट कॉम : 6 मार्च को होने वाली मतगणना के दिन आपकी पार्टी को क्या उम्मीदे हैं?

अखिलेश : हम लंबे समय से (चुनाव प्रचार) मैदान में रहे हैं, मैं क्रांतिरथ में घूमता रहा हूं, चुनावों की घोषणा से पहले मैंने कई सभाएं भी की हैं, तो मैंने जो देखा है उससे मुझे आशा है कि इस बार हम बहुमत का आंकड़ा छू लेंगे। संभव है कि लगभग 207 या उससे थोड़ी ज्यादा सीटें मिल जाएं।

रेडिफ डॉट कॉम : अपने बलबूते पर?

अखिलेश : जी हां।

रेडिफ डॉट कॉम : आपको इतना विश्वास कैसे है? विशेषकर जब लगभग हर कोई यह मान रहा है कि इस बार त्रिशुक विधानसभा बनेगी।

अखिलेश : मैंने इस बारे में मीडिया, टीवी पर देखा था कि लोग कह रहे हैं कि इस बार उत्तर प्रदेश में मिली-जुली सरकार होगी। लेकिन इस बात में मुझे खुद भी संदेह है। यदि आपको याद हो तो पिछली बार भी लोग ऐसा ही कुछ कह रहे थे लेकिन बहुजन समाजवादी पार्टी ने खुद ही बहुमत हासिल कर लिया था। उम्मीद है कि इस बार हमें लोगों से जो प्रतिक्रिया मिल रही है, वह सही साबित हो। मैंने लगभग 250 निर्वाचन क्षेत्रों की यात्रा की है और चुनावों के अंत तक मैं सारे विधानसभा क्षेत्र तक पहुंच ही जाऊंगा। मैं सभी निर्वाचन क्षेत्रों को छू लूंगा। हम बेहतर प्रदर्शन करेंगे और 250 सीटों पर मैं जो प्रतिक्रिया देख चुका हूं, वह जबरदस्त है। लोग इस सरकार से बहुत ज्यादा तंग आ चुके हैं। मैं तो यहां तक कहता हूं कि वे समाजवादी पार्टी को ही वोट देना चाहते हैं। मैं सोचता हूं कि हम बहुमत का आंकड़ा छू लेंगे।

रेडिफ डॉट कॉम : लोग आपके बारे में जो कुछ बता रहे हैं उस पर विश्वास का क्या कारण है?

अखिलेश : जैसे, जब हम उत्तर प्रदेश के ग्रामीण इलाकों में गये, तो लोगों ने हमसे खाद न मिलने की शिकायत की, उन्हें इस बात की तकलीफ थी कि उनकी फसलों को न्यूनतम सरकारी समर्थन मूल्य तक नहीं मिल रहा है। इस सरकार ने पैसा लूटा है। लोग बाढ़ से जूझ रहे थे लेकिन सरकार ने उनकी मदद तक नहीं की। बाढ़ पीड़ितों के पास रहने को घर नहीं है, चिकित्सा सुविधाएं नहीं हैं, उनके पास गरीबी को दूर करने के लिए कोई स्पष्ट नीति नहीं है। ये सभी बातें परस्पर जुड़ी हुई हैं। फिर उ.प्र. में जो भ्रष्टाचार व्याप्त है, वह मुख्य मुद्दा है, जिससे लोग जूझ रहे हैं। ये आप जानते ही हैं, थाना जहां सिपाही भी पैसे लिए बिना शिकायत दर्ज नहीं करता। पुलिस वाले किसी घटना (अपराध) की जांच नहीं करते, वे बदले में कुछ मिलने की उम्मीद करते हैं। भ्रष्टाचार ने सरकारी कर्मचारियों की सोच में जो बदलाव किया है, उससे उनका काम करने का तरीका बदल गया है। उनके अपने विधायक लोगों को निराश करते हैं। टेंडर और अन्य चीजों के लिए वे थाने एवं तहसील से चिपके रहते हैं। उन्होंने पैसा लूटा है। आम जनता जमीन पर हैं और उसके पास कुछ भी नहीं है। ये जो ऊपर वाले हैं वे खुलकर पैसा बना रहे हैं, जो छोटा कार्यकर्ता है, वह भी थोड़ा-बहुत हाथ मार लेता है। पैसा कमा रहे हैं थाने से, तहसील से, सड़क से, बिजली से । तो बात

ये हैं कि किसान इससे बहुत नाराज हैं, क्योंकि उन्हें अपनी फसल का अच्छा मूल्य नहीं मिलता है, उन्हें जरूरत पड़ने पर खाद नहीं मिलती और सरकारी लोग उस पर भी रिश्वत लेते हैं। हर जगह महंगाई बढ़ गई है। उन्हें इसके लिए दोगुने दाम चुकाने पड़ते हैं। ये सब सरकार से जनता की नाराजगी का कारण है। हम लोग जनता में बोलते हैं कि आपके पैसे से इन लोगों ने पत्थर की मूर्तियों पर लगा दिए हैं।

रेडिफ डॉट कॉम : यदि आप अगली सरकार बनाते हैं तो आप राष्ट्रीय ग्रामीण स्वास्थ्य अभियान घोटाले में केंद्रीय अन्वेषण ब्यूरो द्वारा की जाने वाली तहकीकात को कैसे संभालेंगे?

अखिलेश : हम जांच को मजबूती प्रदान करेंगे। इस घोटाले में कई लोग शामिल हैं और अभी वे पकड़ से बहुत दूर हैं। हम इस मामले को सही अंजाम तक पहुंचाएंगे और देखेंगे कि सभी आरोपियों के विरुद्ध आरोप दर्ज किये जाएं।

रेडिफ डॉट कॉम : और लखनऊ में जो बड़े-बड़े पार्क और मूर्तियां खड़ी की गई हैं?

अखिलेश : हम इतनी बड़ी जगह को अस्पतालों और शिक्षा संस्थानों में तब्दील कर बेहतर उपयोग करेंगे, किंतु उन मूर्तियों को गिराए बगैर।

रेडिफ डॉट कॉम : यदि आप पदभार संभालेंगे तो क्या मुख्यमंत्री मायावती के किसी फैसले को बदलने की आपकी कोई योजना है?

अखिलेश : इस विषय पर, हम प्राथमिकताओं के आधार पर फैसला लेंगे न कि प्रतिशोध की भावना से।

रेडिफ डॉट कॉम : अपने कार्यकाल के दौरान मायावती का आधार कमजोर होने के पीछे आप क्या कारण देखते हैं?

अखिलेश : क्योंकि उन्होंने काम नहीं किया, वह मुख्यमंत्री के सरकारी आवास से बाहर नहीं निकलीं, वह लोगों से कभी नहीं मिलीं। आप जानते हैं, लोकतंत्र में ऐसा नहीं होता, हर किसी के लिए उनके दरवाजे बंद थे। जबकि लोकतंत्र का तात्पर्य लोगों के प्रति जिम्मेदारी और उनसे अधिक खुलकर मिलने में है, यही लोकतंत्र कहलाता है। लोकतंत्र में लोग आपको वोट देते हैं, यदि आप

उनसे नहीं मिलेंगे तो वोटर आपको वोट क्यों देंगे? उन्होंने एमएलए या एमएलसी लोगों तक के साथ कभी बैठकें नहीं कीं। उनके विधायक और सांसद उनसे नहीं मिल सकते थे। वह केवल उन लोगों से मिलने में व्यस्त थीं, जो उन्हें काम के बदले कुछ देते या टेंडर आदि के लिए उन्हें पैसा दे रहे थे। वह ऐसे लोग से मिलकर खुश थीं। लेकिन आम लोगों से उन्हें मिलना ही नहीं था। जब उन्होंने गांवों में घूमना शुरू किया, तो वहां जैसे गांव में कर्फ्यू लगवा दिया। वह अस्पताल गई तो वहां मरीजों की बजाय पुलिस कांस्टेबलों को बिस्तर पर लिटा दिया गया ताकि जब मुख्यमंत्री कुछ पूछें तो वह बोलें, 'जी हां, इलाज सही हो रहा है, दवाई सही मिल रही है।' यहां ऐसा ही सब कुछ हुआ है। इससे उनकी सरकार का नाम खराब हुआ है। लोकतंत्र में आपको अधिक खुला होना चाहिए। आपको अपनी कमियों को भी जानना चाहिए, उन्हें समझना चाहिए, आपको यह मानना चाहिए कि अरे भई, कोई गलत कह रहा है तो उसकी बात भी तो सुनो; ये जो नाराजगी है लोकतंत्र की नाराज़गी है। आप लोगों से मिल नहीं रहे, बैठकें नहीं कर रहे, आपने कुछ किया नहीं, तभी तो ये नाराज़गी सरकार के खिलाफ पनपी।

रेडिफ डॉट कॉम : आप ऐसा क्यों सोचते हैं कि आपके पिता ने 2007 में चुनाव गंवा दिया था?

अखिलेश : ऐसा इसलिए क्योंकि हमें यह जरा भी उम्मीद नहीं कर रहे थे कि भाजपा बसपा के लिए वोट करेगी। पिछली बार हम हारें क्योंकि उत्तर प्रदेश में भाजपा खत्म हो चुकी थी। उसे उस चुनाव में कोई बढ़त नहीं मिली थी और आखिर में जब हमने देखा कि भाजपा बसपा के लिए वोट करवा रही है, तब तक बहुत देर हो चुकी थी। लेकिन इस बार हम सतर्क हैं। हम जानते हैं कि हमें भाजपा से मुश्किलें पेश आ सकती हैं। हमें कांग्रेस से भी दिक्कतें आ सकती हैं, हम जानते हैं कि बसपा मुख्य प्रतिद्वंदी है, इसलिए हम हर कार्य योजनाबद्ध तरीके से कर रहे हैं।

रेडिफ डॉट काम: आपने सपा के पिछली बार के उस गुंडाराज का जिक्र नहीं किया जो माना जाता है कि आपके खिलाफ ही गया था। यदि आप अब सत्ता में आते हैं, तो क्या उसकी पुनरावृत्ति होगी?

अखिलेश : हां, हां, उस समय ऐसी कुछ घटनाएं हुई थीं और आप जानते हैं कि हम उनका जवाब देने में समर्थ नहीं थे। क्या है कि कुछ सवाल ऐसे पैदा

हो गए हैं कि हमें लोगों को जवाब देना पड़ेगा। इस बार हमने यकीन दिलाया है कि सरकार बनेगी तो कानून और व्यवस्था का कोई गलत इस्तेमाल नहीं होगा और अगर हमारी पार्टी के लोग भी अनुशासन तोड़ेंगे, तो हम उनसे बहुत सख्ती से निबटेंगे, उनको भी कानून तोड़ने नहीं देंगे। हर जनसभा में हम ये भरोसा दे रहे हैं कि कानून व्यवस्था में जो भी सीमा में नहीं रहेगा, उसके खिलाफ कार्यवाही होगी। जो भी कानून व्यवस्था भंग करेगा हम उससे सख्ती से निबटेंगे। चाहे वे हमारी पार्टी के लोग ही क्यों न हों, हम उनसे भी कड़ाई से निबटेंगे। हम कानून व्यवस्था बिगाड़नेवालों के खिलाफ कठोर कानूनी कार्रवाई करेंगे।

रेडिफ डॉट कॉम : यदि समाजवादी पार्टी अकेले ही अगली सरकार बनाती है, जैसाकि आपने कहा या अन्य पार्टियों के साथ गठबंधन करती है, तब आपकी प्राथमिकता क्या होगी?

अखिलेश : उत्तर प्रदेश को इंफ्रास्ट्रक्चर, अच्छी सड़कों, अधिक ऊर्जा, अच्छी सिंचाई सुविधाओं, की बहुत जरूरत है, शिक्षा संस्थानों को और अधिक संख्या में उत्तर प्रदेश में आना चाहिए जिससे कि हम यहां सस्ती शिक्षा उपलब्ध करा सकें, स्वास्थ्य योजनाएं लागू की जानी चाहिएं और अच्छे अस्पताल होने चाहिएं। मूलभूत रूप से उत्तर प्रदेश को इंफ्रास्ट्रक्चर पर ज्यादा ध्यान देने की जरूरत है। चूंकि उत्तर प्रदेश एक विशाल राज्य है, हर जिले की अपनी अर्थव्यवस्था है, जैसेकि हम लखनऊ की बात करें तो वहां चिकन जरी और जरदोजी का काम होता है लेकिन सरकार उसे सहायता नहीं दे रही है। सरकार बुनकरों को उस तरह की सहायता नहीं दे रही है जैसी उन्हें दी जानी चाहिए। भदोही में कालीन उद्योग है लेकिन सरकार उनके लिए अच्छी नीति घोषित करने में समर्थ नहीं है, कानपुर में बहुत टेनेरीज (चमड़ा उद्योग) हैं, आगरा में लेदर का काम होता है, फिरोजाबाद में कांच का काम होता है, तो मुरादाबाद में पीतल का और ये ही असल उत्तर प्रदेश है। उत्तर प्रदेश बहुत विशाल है और उसके प्रत्येक अलग-अलग रूपों की अपनी अलग अर्थव्यवस्था है। अगर हम लोग एक - एक जिले की अर्थव्यवस्था सुधारते हैं, इंफ्रास्ट्रक्चर उपलब्ध कराते हैं, तो मैं समझता हूं कि हम लोग देश में सर्वश्रेष्ठ राज्य बन जायेंगे। कई विकसित राज्यों में, खासतौर पर महाराष्ट्र में, वहां उत्तर प्रदेश और

बिहार से गए लोगों के बारे में कई तरह की नकारात्मक भावनाएं व्यक्त की जाती हैं और हम उन हालातों को बदलेंगे।

रेडिफ डॉट कॉम : एक ऐसा व्यक्ति होने के नाते, जिस पर सबको भरोसा है, आप अपने राज्य के लोगों के बारे में दूसरों की भावनाओं को कैसा मानते हैं?

अखिलेश : मैं समझता हूं कि आप बिहार में हुए बदलाव को देख रहे हैं, जहां वर्तमान सरकार अच्छा काम कर रही है। लोग उसकी प्रशंसा कर रहे हैं और प्रेस भी उसका गुणगान कर रही है। जब बिहार में चीजें अच्छी दिशा में अग्रसर हो सकती हैं, तो उत्तर प्रदेश में ऐसा क्यों नहीं हो सकता? तो यदि वहां एक अच्छी सरकार है तो मैं पूरी तरह सहमत हूं कि उत्तर प्रदेश उससे कहीं बेहतर तरीके से प्रगति कर सकता है जितना कि बिहार कर रहा है या उसी तरह कोई अन्य राज्य कर सकता है। उत्तर प्रदेश के पास संसाधन है, उसके पास असाधारण योग्यता है, यह 22 करोड़ लोगों वाला राज्य है। आप धार्मिक पर्यटन की बात करते हैं तो वह यहां पर है, आप अंतर्राष्ट्रीय पर्यटन की बात करते हैं तो लोग हर जगह से यहां आते हैं। ताजमहल को देखने के लिए जितने लोग यहां आते हैं उतने लोग कहीं नहीं जाते होंगे। यहां पर्यटन में काफी संभावनाए हैं। किस राज्य के पास बनारस है, किस राज्य के पास ताजमहल है, किस राज्य के पास वृंदावन है? तो इतना कुछ है इस राज्य के पास, यहां तक कि यदि आप गन्ने की खेती को देखें तो इस उद्योग को भी, किसी दूसरे क्षेत्र की तरह सुधारा जा सकता है। महाराष्ट्र को हम पीछे छोड़ सकते हैं। एक समय था जब हम सत्ता में थे तो चीनी उत्पादन के मामले में उत्तर प्रदेश अन्य राज्यों में सबसे आगे हो गया था। हमने चीनी उद्योग को और अधिक मिलें लगाने के मौके दिए और उन्होंने कर दिखाया। हमने नीति ही इस प्रकार बनाई थी कि हमें फायदा हुआ, आखिरकार यदि मिलें हैं तो किसानों को लाभ होगा ही। जब हम सत्ता में थे तो हमने 29 चीनी मिलें स्थापित की थीं।

रेडिफ डॉट कॉम : आपके पिता ने पहले यह बयान दिया था कि सपा कांग्रेस को समर्थन दे रही है और फिर दूसरे ही पल इस पर स्पष्टीकरण दे दिया। तो पर्दे के पीछे उनके बयान और फिर उनके स्पष्टीकरण का क्या खेल चल रहा था?

अखिलेश : उनके बयान का तात्पर्य केवल केंद्र सरकार से था न कि राज्य से। उन्होंने कहा था कि हम भाजपा को सत्ता से दूर रखने के लिए कांग्रेस को

समर्थन दे रहे हैं और आप जानते है कि प्रेस ने उसे किस गलत तरीके से पेश किया था, इसलिए उन्हें दोबारा उसे स्पष्ट करना पड़ा। उन्होंने प्रेस कांफ्रेस बुलाई और जो कहा था उसे स्पष्ट किया। उन्होंने कहा था कि हमें उत्तर प्रदेश में कांग्रेस की जरूरत नहीं है, हम बहुमत हासिल कर सकते हैं। हम बहुमत हासिल करने की दिशा में बड़ा प्रयास कर रहे हैं। यदि हम बहुमत का आंकड़ा नहीं छू पाते हैं तो कांग्रेस हमें समाप्त कर देगी। कांग्रेस हमें समर्थन नहीं देगी।

रेडिफ डॉट कॉम : इसके सही में कुछ मायने हो सकते थे कि आप केंद्र में कांग्रेस को समर्थन दें और वह लखनऊ में आपका साथ दे?

अखिलेश : ऐसा ही था लेकिन कांग्रेस के बारे में कौन जानता है कि वह समर्थन देगी या नहीं तो इसलिए पहले दिन से ही हम बहुमत हासिल करने को प्रयास करने में लगे थे, जिसकी अब हमें ज्यादा जरूरत नहीं है।

रेडिफ डॉट कॉम : यदि आपको इसकी जरूरत पड़ती तब?

अखिलेश : मैं ऐसा नहीं सोचता। यहां तक कि मैं उस स्थिति के बारे में भी नहीं सोचना चाहता क्योंकि मैंने बहुत मेहनत की और पार्टी ने भी इस प्रचार अभियान में काफी परिश्रम किया है।

रेडिफ डॉट कॉम : आपका झुकाव हमेशा से राजनीति की तरफ नहीं था। आप विदेश में पढ़े हैं, तो अचानक ऐसा क्या हो गया था कि आपने यह फैसला लिया कि राजनीति आपका भविष्य बनने जा रही है?

अखिलेश : अपने विवाह के बाद मुझे कई अन्य चीजों को पीछे छोड़ते हुए, राजनीति में आना पड़ा था। अब जबकि मैं राजनीति में आ ही चुका हूं तो कोई विकल्प भी नहीं बचा है, मैं अब वापिस नहीं लौट सकता और व्यवसाय भी नहीं कर सकता। चूंकि अब मैं इस कार्यक्षेत्र में आ गया हूं तो पूरी मेहनत से काम करूंगा। यदि आप चुनाव में पूरी मेहनत से काम नहीं करते, तो आप जीत भी नहीं सकते। इसलिए मैंने सब कुछ छोड़ दिया और रथ पर सवार हो गया, ये आप जानते ही हैं। मैं यह जानने के लिए पूरे उत्तर प्रदेश में घूमा कि चारों ओर क्या घट रहा है। बेशक मैं पिछली बार भी रथ पर घूमा था, किंतु यह किसी को यह याद नहीं है।

रेडिफ डॉट कॉम : आपके पिता ने एक बार कहा था कि जब आप अपने हनीमून पर जा रहे थे, तब उन्होंने आपको वापस बुलाया था।

अखिलेश : हां, ऐसा ही हुआ था। उन दिनों मैं कई काम करना चाहता था। कई काम बाकी थे। मेरी शादी 1999 में हुई थी और अचानक एक सप्ताह बाद मुझे खबर मिली कि मुझे चुनाव लड़ना है। चौबीस नंवबर को मेरी शादी हुई थी और अगली फरवरी मैं चुनाव जीत गया । इसलिए मुझे मौका नहीं मिला, मैं बाहर निकलना चाहता था, मैं कुछ काम पूरे करना चाहता था, लेकिन नहीं कर सका क्योंकि मैं राजनीति में कदम रख चुका था।

रेडिफ डॉट कॉम : आपके पिता की राजनीति से आपकी राजनीति कितनी अलग है?

अखिलेश : ज्यादा नहीं, आप जानते हैं कि मैं आज भी उनके पीछे ही चल रहा हूं, उसी विचारधारा पर। मैं उसी पार्टी में काम कर रहा हूं जहां वह काम कर रहे हैं।

रेडिफ डॉट कॉम : मैं आपके काम करने के तरीके के बारे में पूछ रहा हूं?

अखिलेश : हर किसी का काम करने का अपना अलग तरीका होता है? मैं चीजों को नई पीढ़ी के नजरिये से देखता और समझता हूं। इसलिए मेरे पिता ने मुझे पार्टी का अध्यक्ष बना दिया। समय बदल गया है। अब मोबाइल फोन है। कंप्यूटर का उपयोग होने लगा है। इन दिनों हम टेक्नोलॉजी का इस्तेमाल करते हैं। मेरे पिता के दिनों में ये सब चीजें नहीं थीं। तब वह भी अंग्रेजी और कंप्यूटर आदि के खिलाफ थे, लेकिन अब हम उनके बारे में जानते हैं, अंग्रेजी में बातें करते हैं, हाईटेक उपकरण इस्तेमाल करते हैं। हां, यह सच है। लेकिन वह अंग्रेजी के विरोधी नहीं थे बल्कि हिंदी को कुचलकर अंग्रेजी के प्रयोग के खिलाफ थे। मान लो, आप महाराष्ट्र से आए हैं, आपके गांव में लोग मराठी और हिंदी जानते होंगे, लेकिन अंग्रेजी उतनी नहीं आती होगी। हमारा कहना इतना था कि लोग जो भाषा जानते हैं अगर उसमें काम होगा तो आम आदमी समझ पायेगा। मुझे विश्वास है कि ऐसा ही महाराष्ट्र में है, इसलिए हमने कहा था कि हम जो कंप्यूटर देंगे वह हिंदी में भी चलेगा। मेरा विचार है कि कंप्यूटर मराठी में भी काम करेगा। शायद दस वर्ष पहले तक यह संभव नहीं था। हमें टेक्नोलॉजी के साथ चलना पड़ेगा। आप कह सकते हैं कि बस यही अंतर है। इसके अलावा वास्तव में कोई अंतर नहीं है। सच में नहीं, हमें उन्हीं कार्यकर्ताओं के साथ उसी पार्टी में काम करना होगा। यहां तक कि हमारी सोच में भी कोई ज्यादा अंतर नहीं है।

रेडिफ डॉट कॉम : लेकिन आपकी पार्टी ने गुंडापार्टी की जो छवि ओढ़ रखी है, आपने उस छवि को कैसे बदला?

अखिलेश : मैं इसके खिलाफ पिछले पांच वर्षों से अभियान चला रहा हूं। मैंने कार्यकर्ताओं में यह धारणा बनाई है कि यहां गुंडागर्दी नहीं चलेगी। आप पिछले पांच वर्षों में किए गए हमारे कार्यों के परिणाम देख सकते हैं। किसी ने भी पांच वर्षों में ऐसा काम नहीं किया होगा। आप कह सकते हैं कि हम सरकार में ऐसे काम करते हैं। यदि हम सरकार बनाते हैं और हम उसे बचाने में कामयाब रहते हैं तब हम पर लोगों का भरोसा बढ़ जाएगा। अभी हम जो कुछ भी कहे, लोग उस पर यकीन नहीं करेंगे। लेकिन मैं यह भरोसा दे सकता हूं कि हम पांच वर्षों के भीतर वह सब करेंगें, जिसका हमने घोषणा पत्र में वायदा किया है।

रेडिफ डॉट कॉम : आप अपने पिता के राजनीतिक वारिस हैं?

अखिलेश : यह सच नहीं है। जहां आज मैं हूं कल कोई और कार्यकर्ता भी वहां हो सकता है।

रेडिफ डॉट कॉम : जैसाकि राहुल गांधी कह रहे हैं कि कोई भी उनकी जगह ले सकता है, लेकिन हम सभी जानते हैं, क्या ऐसा संभव है?

अखिलेश : यदि मैं पार्टी के लिए काम करता हूं तो इसलिए कि मैं खुद को साबित करना चाहता हूं। अन्यथा पार्टी के लोग मुझे पसंद नहीं करेंगे। कल यदि कोई अच्छा कार्यकर्ता आता है तो मैं एक तरफ हो जाऊंगा। इसमें कोई परेशानी नहीं है।

रेडिफ डॉट कॉम : तो क्या आप यह कहेंगे कि एक तरह से आपका संघर्ष राहुल गांधी के संघर्ष की तरह है, आप दोनों ही साबित करने की कोशिश कर रहे हैं कि आप अपने दम पर यह सब कर सकते हैं?

अखिलेश : बिल्कुल, बिल्कुल। पर प्रतिक्रिया किसे मिलती है? मान लीजिए, अगर रेस्पांस समाजवादी पार्टी को मिला तो इसका मतलब कहीं-न-कहीं कांग्रेस पार्टी की कमजोरी है, क्योंकि अगर कांग्रेस पार्टी जनता से सवाल पूछती है, तो लोग भी कांग्रेस से सवाल पूछ सकते हैं। आजादी के बाद से आपको 40 वर्षों तक मौके मिले। आप पिछले आठ वर्षों से राज कर रहे हैं। यदि वे 22 वर्षों बाद सवाल पूछ रहे हैं, तो लोग भी तो पूछ रहे हैं कि अरे भाई, आपने इन आठ वर्षों में क्या किया? मुद्रास्फीति क्यों बढ़ती जा रही है, प्रदेश के विकास की योजनाएं कहां हैं, आप

स्वास्थ्य क्षेत्र में क्या करते रहे हैं, लोगों को नौकरियां क्यों नहीं मिल रहीं, युवा वर्ग खाली हाथ क्यों है? लोग उनसे ये सब सवाल पूछ रहे हैं।

रेडिफ डॉट कॉम : राहुल गांधी ने उत्तर प्रदेश में अपने राजनीतिक भविष्य को दांव पर लगा दिया है? क्या आप सोचते हैं यह उन पर पलटवार करेगा?

अखिलेश : वह बहुत मेहनत कर रहे हैं, अच्छी बात है। क्या होगा, उन्हें क्या जवाब मिलेगा, यह तो 6 मार्च के बाद ही पता चलेगा।

रेडिफ डॉट कॉम: यदि 6 मार्च आपके खिलाफ रहा तो?

अखिलेश : मैं नहीं हारूंगा, मैं नहीं हारूंगा, नहीं हारूंगा। मुझे पूरा विश्वास है और यकीन है कि चुनावी नतीजे हमारे खिलाफ होगें ही नहीं।

रेडिफ डॉट कॉम : तो क्या हम उत्तर प्रदेश के भावी मुख्यमंत्री से बात कर रहे हैं?

अखिलेश : नेताजी (उनके पिता मुलायम सिंह यादव) ही अगले मुख्यमंत्री होंगे।

रेडिफ डॉट कॉम : अगर उन्होंने मना कर दिया और कहा कि आप अगले सीएम होंगे तो?

अखिलेश : नहीं, नहीं ऐसा नहीं होगा। चूंकि नेताजी ने मुझे पार्टी अध्यक्ष की कुर्सी सौंपी है और मैं बहुत मेहनत कर रहा हूं। इसलिए मैं पार्टी का ही काम करना चाहूंगा।

रेडिफ डॉट कॉम : मैं फिर आपसे पूछ रहा हूं, अगर नेताजी आपसे अगला मुख्यमंत्री बनने को कहें तब क्या?

अखिलेश : नहीं, मैं नहीं सोचता कि नेताजी ऐसा करेंगे। पार्टी में हर कोई चाहता है कि नेताजी मुख्यमंत्री बने।

रेडिफ डॉट कॉम : लेकिन आपने किसी दिन तो मुख्यमंत्री बनने का ख्वाब देखा होगा?

अखिलेश : मैंने सपना नहीं देखा, ... सपना नहीं देखा, मैंने सचमुच ऐसा कोई सपना नहीं देखा। आपको मेरा विश्वास करना होगा। मैंने केवल कड़ी मेहनत की है।

इस तरह *रेडिफ डॉट कॉम* ने अखिलेश यादव के मन-मस्तिष्क में छिपे विचारों को जाना।

अखिलेश यादव मानते हैं कि 'बदलाव विकास का ही एक सिलसिला है। कोई अकेला व्यक्ति इसका श्रेय नहीं ले सकता।'

अनेक अवसरों पर अखिलेश ने कहा–'न तो लोहिया जी तकनीक के खिलाफ थे और न मेरे पिता हैं। लोहिया जी के समय में कंप्यूटर नहीं थे। नेताजी ने कभी भी आधुनिक टेक्नोलॉजी का विरोध नहीं किया। आज अगर हम अपने चुनाव प्रचार में आधुनिक टेक्नोलॉजी का इस्तेमाल कर रहे हैं तो केवल नेताजी की वजह से।'

एक बातचीत में अखिलेश ने यह भी स्वीकार किया था कि उन्होंने अपने पिता को कुछ समय पहले ही समाजवादी पार्टी की वेबसाइट अपग्रेड करने के लिए मनाया था। क्रांति रथ यात्रा की शुरुआत करने से थोड़ा पहले ही अखिलेश ने आइपैड पर मुलायम सिंह को यात्रा का मार्ग दिखाया था। नेताजी आईपैड की खूबियां को जानकर काफी प्रभावित भी हुए थे। अब आईटी विशेषज्ञों की एक टीम रोज ही समाजवादी पार्टी की वेबसाइट को अपडेट करती है।

सुरक्षा अधिकारियों के विरोध व सुरक्षा जोखिमों के बावजूद, 2012 के विधानसभा चुनावों के दौरान समाजवादी पार्टी की वेबसाइट पर अखिलेश की क्रांति यात्रा के मार्ग को विस्तारपूर्वक दर्शाया गया था। उसमें स्पष्ट किया गया था कि यात्रा नवंबर के प्रथम चरण में ही 132 विधानसभा निर्वाचन क्षेत्रों से होकर गुजरेगी और अंतिम चरण तक पूरे उत्तर प्रदेश का दौरा कर लेगी।

अखिलेश की क्रांति रथ यात्रा, कई मामलों में 1987 में उनके पिता द्वारा आयोजित की गई रथ यात्रा से भिन्न थी। मुलायम सिंह यादव की रथ यात्रा उनके राजनीतिक प्रभाव को दिखाने के लिए थी, जबकि अखिलेश की यात्रा का उद्देश्य फरवरी के विधानसभा चुनावों से पूर्वी उत्तर प्रदेश में समाजवादी पार्टी के लिए बहुमत दिलानेवाला जनसमर्थन जुटाना था।

अगर आप किसी कारण से उनसे न भी मिल पायें तो भी अखिलेश यादव के अंतर्मन को जानना बहुत आसान है। इंटरनेट पर जाइए और गूगल पर अखिलेश यादव लिखकर खोज का बटन दबा दीजिये। चार सेकेंड के भीतर आपको दो लाख से ज़्यादा परिणाम मिल जायेंगे। इनमें करीब 50 हजार तो उनके विभिन्न टीवी चैनलों

पर दिये गये साक्षात्कारों के अंश ही हैं। अखिलेश की विभिन्न मुद्राओं में लगभग एक लाख फोटोग्राफ भी नेट पर उपलब्ध हैं। ये लेख, फोटोग्राफी और रिकार्डिंग्स अधिकतर 2009 और 2012 के बीच की हैं। अगर आप समाचारों की ही खोज करें तो पायेंगे कि अब तक मुद्रित माध्यमों ने करीब 767 बार और तकरीबन हर बड़े टेलीविजन चैनल ने विभिन्न दृष्टिकोण से भिन्न-भिन्न विषयों पर उनके 108 से ज्यादा साक्षात्कार लिये हैं। निश्चित तौर पर अखिलेश के पास हर किसी को कुछ-न-कुछ देने की सामर्थ्य है। उनके समकालीन अनेक युवा शायद ही किसी मामले में उनकी बराबरी कर पायें।

11

सतही नेता उथली बातें

विनम्र स्वभाव और दृढ़ आत्मविश्वास ने अखिलेश यादव को न केवल उत्तर प्रदेश में एक बड़े लोकतांत्रिक परिवर्तन का चैंपियन बनाया है बल्कि अपने कई प्रतिद्वंद्वियों को व्यावहारिक तौर पर आनेवाले कई वर्षों के लिए लगभग समाप्त ही कर दिया है। उनके वे सभी आलोचक, जो कभी किसी-न-किसी कारण से पिता-पुत्र की जोड़ी का मजाक उड़ाते थे, रातों-रात उनका गुणगान करनेवाले बन चुके हैं।

दिग्विजय सिंह : गलती माननी पड़ी।

कांग्रेस महासिचव दिग्विजय सिंह ने सबसे पहले अखिलेश के खिलाफ बोलना बंद किया। इससे पहले वह उ. प्र. विधानसभा चुनावों में हर मौके पर समाजवादी पार्टी के खिलाफ आग उगलने का मौका तलाश कर लेते थे। चुनाव परिणामों की घोषणा के महज 10 दिनों बाद ही उन्होंने कहा कि यदि समाजवादी पार्टी यूपीए (संयुक्त प्रगतिशील गठबंधन)

सरकार में शामिल होती है तो उन्हें कोई आपत्ति नहीं है। अपनी जान बचाने को उन्होंने यह भी कह डाला कि सपा को शामिल करने का अंतिम निर्णय पार्टी अध्यक्ष सोनिया गांधी की अध्यक्षतावाली एक कोर कमेटी द्वारा किया जायेगा।

मीडिया को संबोधित करते हुए उन्होंने कहा, 'मुझे कोई परेशानी नहीं है, यह जगजाहिर है कि यूपीए सरकार ने केंद्र में समाजवादी पार्टी का समर्थन प्राप्त किया था और हम उनके हमेशा आभारी रहेंगे। उन्होंने परमाणु बिल के मामले में भी हमारा समर्थन किया। सरकार में समाजवादी पार्टी को शामिल करने के बारे में कांग्रेस अध्यक्ष, कोर कमेटी, यूपीए की समन्वय समिति और प्रधानमंत्री विस्तारपूर्वक विचार-विमर्श करके अंतिम निर्णय लेंगे।'

यह वही दिग्विजय सिंह थे जिन्होंने अखिलेश यादव की उस टिप्पणी की तीखी आलोचना की थी, जिसमें उन्होंने कहा था कि यदि केंद्र सरकार मुस्लिमों को 18 प्रतिशत कोटा देती है तो उसे समाजवादी पार्टी से समर्थन मिलता रहेगा।

हालांकि अखिलेश ने अपने बयान में केंद्र सरकार के साथ किसी भी प्रकार की सौदेबाजी का कोई संकेत नहीं दिया था, लेकिन बेवजह ही दिग्विजय सिंह ने इस मुद्दे को आवश्यकता से अधिक तूल दे दिया था। इस पर समाजवादी पार्टी ने तुरंत ही स्पष्ट कर दिया था कि यूपीए को उनका समर्थन जारी रखना सौदेबाजी के लिए नहीं था। वरिष्ठ समाजवादी नेता शाहिद सिद्दिकी ने स्पष्ट किया, 'हम पिछले सात वर्षों से यूपीए सरकार को बिना किसी स्वार्थ के समर्थन दे रहे हैं। हमारा यह समर्थन किसी लेन-देन पर नहीं टिका है। हमारा समर्थन सौदेबाजी के लिए नहीं बल्कि सिद्धांतों और मुद्दों पर टिका है। इसके बावजूद जब भी हमें ऐसा लगता है कि यूपीए का कोई भी कदम जनता के खिलाफ है या धर्मनिरपेक्ष मूल्यों के मुताबिक नहीं है, तब हम उसका विरोध भी करते हैं। हमारी पार्टी कभी नहीं चाहेगी कि कांग्रेस पार्टी उसे पश्चिम बंगाल की मुख्यमंत्री ममता बनर्जी के स्थानापन्न की तरह इस्तेमाल करे। ममता जी के लिए हमारे मन में बहुत आदर है और हम नहीं चाहेंगे कि ममता बनर्जी के विरुद्ध राजनीतिक शतरंज में हमारा इस्तेमाल हो।'

समूचे चुनावी मौसम में, दिग्विजय सिंह की तरह कई दूसरे कांग्रेसी नेता जैसे बेनी प्रसाद वर्मा, जगदम्बिका पाल और श्रीप्रकाश जायसवाल, खासतौर पर मुलायम

सिंह यादव, अखिलेश यादव तथा समाजवादी पार्टी के खिलाफ बेसिर-पैर की टिप्पणियां करते रहे। दूसरी ओर कांग्रेस के युवराज राहुल गांधी भी समाजवादी पिता-पुत्र की जोड़ी और उनकी पार्टी के खिलाफ आरोपों के पटाखे दागते रहे। अपने स्वभाव और समाजवादी पार्टी के सिद्धांतों के मुताबिक मुलायम सिंह यादव और उनके बेटे अखिलेश ने इस तरह की कोई बयानबाजी नहीं की।

22 साल से प्रदेश के विकास के लिए कोई कोशिश न करने और पिछले आठ साल से केंद्र में सरकार चलाने के बावजूद उ.प्र. की बदहाली खत्म करने में दिलचस्पी न दिखानेवाले कांग्रेसियों द्वारा इसी तरह की बयानबाजियों ने मतदाताओं को कांग्रेस से दूर कर दिया। उन्होंने बड़ी खामोशी से, मन-ही-मन यह तय कर लिया कि विधानसभा चुनावों में उन्हें क्या करना है।

नतीजतन चुनाव परिणाम घोषित होते ही, राहुल गांधी को अपनी अपमानजनक हार की जिम्मेदारी लेनी पड़ी। बहुत जल्द ही बयानबाजियों के करतब दिखानेवाले मीडिया के सामने अपनी गलतियां स्वीकारते दिखे।

मीडिया भी दिग्विजय सिंह की भूमिका को लेकर गंभीर नहीं था।

राहुल गांधी की ही तरह, कांग्रेस के महासचिव दिग्विजय सिंह ने भी स्वीकार कर लिया कि कांग्रेस उत्तर प्रदेश में लोगों का विश्वास जीतने में समर्थ नहीं थी। उन्होंने यह कहते हुए स्वयं हार की जिम्मेदारी ली कि हम उत्तर प्रदेश में बहुजन समाज पार्टी को हरा सकते हैं, जनता को यह भरोसा नहीं दिला पाये। दिग्विजय सिंह ने कहा था, 'यह पराजय उ.प्र. में कांग्रेस संगठन की, राज्य के नेतृत्व की और खुद मेरी हार है। मैं इसकी पूरी जिम्मेदारी कुबूल करता हूं।'

समाजवादी पार्टी की विधानसभा चुनावों में जीत पर, मुलायम सिंह यादव, अखिलेश तथा उनकी पार्टी के कार्यकर्ताओं को बधाई देते हुए कांग्रेस महासचिव ने यकीन दिलाया था कि उनकी पार्टी उत्तर प्रदेश का उद्धार करने में समाजवादी पार्टी को पूरा समर्थन देगी।

उन्होंने कहा, 'मैं मुलायम सिंह और उनके सभी पार्टी कार्यकर्ताओं को बधाई देता हूं। जनता ने उन्हें चुना है और मुझे विश्वास है कि उन्होंने जनता से जो चुनावी वायदे किये थे, वे उन सभी को पूरा करेंगे। कांग्रेस उत्तर प्रदेश को दुर्दशा से उबारने और विकास में प्रदेश की नयी सरकार को पूरा सहयोग देगी। और विपक्षी पार्टी के तौर पर सदन में हम अपना दायित्व भी निभाएंगे।'

ये वही दिग्विजय सिंह थे, जो कुछ महीने पहले न केवल राज्य में कांग्रेस की स्पष्ट जीत के दावे कर रहे थे, बल्कि उन्होंने उत्तर प्रदेश में मुलायम सिंह यादव की समाजवादी पार्टी के बहुमत से चूक जाने पर, किसी भी प्रकार के गठबंधन की संभावनाओं को नकार दिया था। उन्होंने कई मौकों पर कहा कि उ.प्र. में या तो हमारी पार्टी सरकार बनायेगी, वरना किसी अन्य राजनीतिक दल को समर्थन देने से बेहतर विपक्ष में बैठना पसंद करेगी।

समाजवादी पार्टी पर चारों ओर से तीखे आरोपों की बौछार के बावजूद मुलायम सिंह यादव अडिग रहे, उन्होंने मीडिया से कहा कि प्रदेश में साम्प्रदायिक ताकतों को बढ़ने से रोकने और भारतीय जनता पार्टी की सत्ता में वापसी की संभावनाएं खत्म करने के लिये, उनकी पार्टी कांग्रेस का समर्थन जारी रखेगी।

मतदाता विभिन्न पार्टियों के प्रवक्ताओं के बयानों के निहितार्थों को बहुत गौर से सुन-समझ रहे थे। उन्होंने भद्दे आरोप-प्रत्यारोप भी सुने और जब देखा कि समाजवादी पार्टी ही अनावश्यक रूप से सभी पार्टियों के निशाने पर थी।

चुनावी तिथियों की घोषणा से काफी पहले ही, उत्तर प्रदेश के चुनाव पूरे देश का एक गर्मागर्म मुद्दा बन चुके थे। सभी प्रमुख पार्टियों के लिये ये चुनाव देश के पांचवें सबसे बड़े और सर्वाधिक आबादी वाले राज्य में दोबारा से अपनी जड़ें जमाने का मौका बन कर आये थे और उनका असर 2014 के आम चुनावों पर पड़ना तय था।

जब कई चुनाव पूर्व सर्वेक्षणों में दावा किया गया कि समाजवादी पार्टी उत्तर प्रदेश की सबसे बड़ी पार्टी के तौर पर उभरेगी, लेकिन कांग्रेस को चौथे स्थान पर सब्र करना पड़ेगा तो कांग्रेस महासचिव दिग्विजय सिंह ने बिना सोचे-समझे फौरन ही, पांचों राज्यों के विधानसभा चुनावी नतीजों के पूर्वानुमानों को खारिज करते हुए कहा, 'एक्जिट पोल फ्रॉड हैं। आप 12 करोड़ मतदाताओं के मिजाज़ को एक छोटे सर्वेक्षण के आधार पर कैसे जांच सकते हैं? कोई बताए तो सही कि पिछले चुनावों में कौन-सा एक्जिट पोल, मतगणना का सही अनुमान लगा पाया? कौन-सा सर्वेक्षण चुनावी नतीजों का सही अनुमान लगा पाया?'

जब मीडिया ने उनसे पूछा कि उन्हें क्या लगता है कि कांग्रेस कितनी सीटें हासिल कर पायेगी? जवाब में दिग्विजय सिंह ने आत्मविश्वास से भरपूर जवाब दिया, 'कम-से-कम सौ, उससे एक भी सीट कम नहीं।'

जब उनसे पूछा गया कि क्या समाजवादी पार्टी को उ.प्र. में पूर्ण बहुमत मिल सकता है? कांग्रेस महासचिव ने उसी लबालब आत्मविश्वास से दोहराया, 'असंभव'।

पता नहीं कि यह कांग्रेस की कोई रणनीति थी या उ.प्र. में टहल रहे उसके नेताओं की अनुशासनहीनता अथवा बेअक्ली कि दिग्विजय सिंह ने तमाम टीवी चैनलों को विधानसभा चुनावों के बाद संभावित स्थिति को लेकर चेतावनी भी दे डाली, 'मैं न केवल एक्जिट पोल को 101 प्रतिशत खारिज करता हूं और इस बारे में अब आपसे 6 मार्च को बात करूंगा, बल्कि मैं ब्रॉडकास्टिंग अथारिटी को एक पत्र लिखकर यह पूछने जा रहा हूं कि एक्जिट पोलों, उनकी कार्यविधि तथा विश्वसनीयता को मीडिया द्वारा किस सीमा तक इस्तेमाल किया जाना चाहिए?'

चुनावों के पहले सपा प्रमुख मुलायम सिंह यादव ने सैयद मौलाना इमाम बुखारी के एक पत्र के जवाब में यू.पी.ए. सरकार पर सिर्फ मुसलमानों के लिए ही नहीं बल्कि अल्पसंख्यकों के लिए 4.5 प्रतिशत आरक्षण का वादा करने को मुसलमानों के साथ

जामा मसजिद के शाही इमाम अब्दुल्ला बुखारी के साथ अखिलेश

धोखा बताते हुए लिखा था कि समाजवादी पार्टी शिक्षा और रोजगार में मुसलमानों को आरक्षण देने की पक्षधर है। इस कदम को कांग्रेस सरकार द्वारा गलत ढंग से पेश किया गया और कांग्रेस को मुस्लिम वोट खोने पड़े।

दिग्विजय सिंह ने फौरन ही बयानों की तोप निकाल ली, उन्होंने उत्तर प्रदेश में सपा को समर्थन देने के लिये मौलाना बुखारी पर आरोप दागने शुरू कर दिये। एक प्रेस कांफ्रेंस बुलाकर, अपनी आदत के अनुसार दिग्विजय सिंह ने बुखारी विरोध में बहुत कुछ कहा।

प्रतिक्रिया स्वरूप मौलाना बुखारी ने कहा कि उत्तर प्रदेश में मुसलमानों को सिर्फ सपा को ही समर्थन देना चाहिए और राज्य में मुसलमानों की दयनीय स्थिति के लिये गुनहगार कांग्रेस को सबक सिखाना चाहिए। इस प्रतिक्रिया ने समाजवादी पार्टी को रोकने की क्षमता रखनेवाली कांग्रेस को बहुत नुकसान पहुंचाया।

केवल दिग्विजय सिंह ही नहीं बल्कि केंद्रीय मंत्री श्रीप्रकाश जायसवाल ने भी जाने-अनजाने कांग्रेस को नुकसान पहुंचाने वाले बयान दिये। जायसवाल ने मतदान के पांचवें चरण के अंत में कानपुर में अपना वोट डालने के बाद मीडिया से कहा था, 'यदि कांग्रेस को बहुमत मिला तो वह सरकार बनायेगी और यदि हम स्पष्ट बहुमत नहीं पायेंगे तो हम विपक्ष में बैठेंगे और मुझे उ.प्र. में राज्यपाल शासन के अलावा दूसरा कोई विकल्प नजर नहीं आता।'

मीडिया ने इस बयान को कुछ ही मिनटों के भीतर ऐसा उछाला कि उस शाम की ब्रेकिंग न्यूज बन गया, 'बहुमत न मिलने पर कांग्रेस यूपी में राष्ट्रपति शासन लगाने के हक में।'

भाजपा और सपा दोनों ने ही इस बयान को बड़ी गंभीरता से लिया और चुनाव आयोग में शिकायत दर्ज कराते हुए जायसवाल पर आदर्श आचार संहिता के उल्लंघन तथा प्रदेश के मतदाताओं को कथित तौर पर धमकाने का आरोप लगाया। चुनाव आयोग तुरंत हरकत में आया और 24 फरवरी को कोयला मंत्री को कारण बताओ नोटिस थमा दिया गया कि उत्तर प्रदेश में चुनाव प्रचार के दौरान राष्ट्रपति शासन लगाने की टिप्पणी करने पर उनके खिलाफ कोई कार्यवाही क्यों न की जाए?

जायसवाल ने एक और गलती कर डाली और मीडिया को उन कांग्रेसी नेताओं के खिलाफ भी कर दिया, जो इधर-उधर बयानबाजी कर रहे थे। उन्होंने कहा, 'मीडिया ने मेरे बयान को तोड़-मरोड़कर पेश किया है।'

जायसवाल की टिप्पणी पर तीखी प्रतिक्रियाओं को कांग्रेस ने विरोधी दलों पर विधानसभा चुनावों को युद्ध के मैदान में बदलने का आरोप लगाया। भाजपा नेता लालकृष्ण अडवाणी ने एक केंद्रीय मंत्री द्वारा उत्तर प्रदेश में बहुमत न मिलने की स्थिति में राष्ट्रपति शासन लगाने की बात को संवैधानिक व्यवस्थाओं का खुल्लमखुल्ला उल्लंघन बताया। इसके बाद कांग्रेस और भी ज्यादा बचाव की मुद्रा में आ गयी।

एक ग़लती राहुल गांधी भी कर बैठे, उन्होंने मध्य प्रदेश की पूर्व मुख्यमंत्री तथा उ.प्र. में भाजपा का प्रमुख चेहरा उमा भारती पर तीखा हमला करने की धुन में कह दिया, 'भाजपा उ.प्र. के बाहर के एक नेता को चुनाव मैदान में ले आयी है। बाहरवालों का यू.पी. में क्या काम है?'

संत समाज से जुड़ी एक महिला पर राहुल की नितांत व्यक्तिगत टिप्पणी को जनता ने अच्छा नहीं माना। उमा भारती ने भी ईंट का जवाब पत्थर से देकर अपने तरीके से राहुल गांधी को भी यू.पी. के बाहरवाला बता दिया।

जब कांग्रेस न केवल बुरी तरह चुनाव हार गई, बल्कि चौथे स्थान पर सिमट गई तो उन्होंने इस शर्मनाक पराजय का ठीकरा राज्य के कमजोर नेतृत्व के सिर पर फोड़ा, जो राहुल गांधी द्वारा संचालित चुनाव अभियान और प्रचार की लहर को वोटों में तब्दील न कर सका। आश्चर्यजनक है कि उन्होंने इस बात का जरा भी जिक्र नहीं किया कि मतदाता विभिन्न कांग्रेसी नेताओं की बेहूदी टिप्पणियों और बेबुनियाद आरोप-प्रत्यारोपों से खीजा हुआ था। उन्होंने इस बहस को भी खारिज कर दिया कि मुस्लिम आरक्षण संबंधी मुद्दे पर ऊलजुलूल बयानबाजी ने पार्टी को कितनी क्षति पहुंचाई।

उन्होंने एक और अनावश्यक तर्क दिया कि यदि उ.प्र. के चुनावी नतीजे केवल मुस्लिम आरक्षण की वजह से थे तो हमारे खिलाफ कैसे हो सकते थे? हमने तो केवल पिछड़े मुसलमानों को नौ प्रतिशत आरक्षण देने की बात की थी, जबकि समाजवादी पार्टी ने 18 प्रतिशत देने की बात की थी।

कांग्रेस के बयानबाज नेताओं को तो बस बेलगाम बोलने का शौक ही था। वह कांग्रेस के बारे में बोलते, यहां तक तो ठीक था, मगर दिग्विजय सिंह को लगता था, वह किसी भी बारे में कुछ भी बोल सकते हैं। यद्यपि भाजपा का कोई भी नेता कांग्रेस के खिलाफ कोई टिप्पणी नहीं कर रहा था, दिग्विजय ने अपनी एक अन्य हास्यास्पद टिप्पणी में भाजपा नेतृत्व तथा संगठन को भी लपेट लिया, 'कांग्रेस और भाजपा, दोनों ही राष्ट्रीय पार्टियां उ.प्र. के लोगों को विश्वास में लेने में असफल रही हैं और मैं इसके लिए दोनों पार्टियों के राज्य नेतृत्व को उत्तरदायी मानता हूं।'

एक अन्य मौके पर उन्होंने इस बहस को भी खारिज कर दिया कि उत्तर प्रदेश विधानसभा चुनावों का 2014 में होनेवाले लोकसभा चुनावों पर असर पड़ेगा। उन्होंने कहा '2014 में मुद्दे इन चुनावों से अलग होंगे, जनता ने 2009 के लोकसभा चुनावों में नेहरू-गांधी परिवार में अपना भरोसा जताया था, वे निश्चित तौर पर 2014 के लोकसभा चुनावों में भी दोबारा कांग्रेस को ही वोट देंगे।'

इस प्रकार की बयानबाजी की वजह से भी बसपा से नाराज़, भाजपा से खिन्न तथा कांग्रेस को थोड़ा-बहुत महत्त्व दे रहे उ.प्र. के मतदाताओं ने समाजवादी पार्टी को एक 'बेहतर विकल्प' के रूप में चुनने का मन बनाया हो तो आश्चर्य की बात नहीं। सबसे अंत में अखिलेश यादव की सधी हुई प्रतिक्रिया आई, 'लगता है कांग्रेस राज्य में लोकतंत्र के उन्मूलन की पहले से ही तैयारी कर चुकी है।'

उधर चुनाव आयोग ने जायसवाल के बयान को प्रथम दृश्टया आचार संहिता का उल्लंघन माना। इससे जनता के विचारों को कांग्रेस के विपरीत दिशा में मोड़ा और समाजवादी पार्टी के पक्ष में सहानुभूति की लहर पैदा की जो भ्रष्ट और निष्ठुर बसपा के खिलाफ संघर्ष कर रही थी।

विश्वविख्यात ब्रिटिश कूटनीतिज्ञ विंस्टन चर्चिल ने एक बार कहा था, 'राजनीति में किसी को, कभी भी बकवासी नेताओं के बयानों का सहारा नहीं लेना चाहिए, क्योंकि अंततः उससे नुकसान ही होता है।'

...और चर्चिल की वह सूक्ति उ.प्र. के चुनावों में भी खरी साबित हुई।

12

अखिलेश प्रभाव

समाजवादी पार्टी के एक वरिष्ठ नेता शाहिद सिद्दिकी से एक टेलीविजन साक्षात्कार के दौरान, जब समाजवादी पार्टी को मिले भारी समर्थन की वजहें पूछी गयीं तो उन्होंने चुटकी ली, 'हो सकता है कि महिला मतदाताओं को अखिलेश का चेहरा, राहुल की तुलना में ज्यादा अच्छा लगा हो।'

यह जवाब एक तरह से सही भी था क्योंकि पहली बार उत्तर प्रदेश की महिला मतदाताओं ने एक महिला मुख्यमंत्री के खिलाफ अभूतपूर्व संख्या में मतदान किया था। उत्तर प्रदेश में एक तरह से मतदान क्रांति हो गयी थी।

पहली बार 'अमूल' ने किसी राजनीतिक पार्टी की प्रशंसा की।

उ.प्र. के मुख्य निर्वाचन अधिकारी उमेश सिन्हा के अनुसार, 'इस बार राज्य में 60.29 प्रतिशत महिलाओं ने मतदान किया, जबकि 2007 के विधानसभा चुनावों में महज 41.92 प्रतिशत महिलाओं ने मतदान किया था।'

चुनावों में सपा के मुकाबले विधान सभा चुनावों में बसपा, भाजपा और कांग्रेस ने न्यूनतम वोट हासिल किये।

2007 के विधानसभा चुनावों में उत्तर प्रदेश में राष्ट्रीय दलों का वोट प्रतिशत 56.50 फीसदी था। इस बार, 2012 में यह करीब तीन फीसदी कम हो गया। उत्तर प्रदेश में अधिकांश सीटों पर कांग्रेस और भाजपा तीसरे-चौथे स्थान पर रहीं। जिन 403 विधानसभा क्षेत्रों में चुनाव हुआ, उनमें से केवल 11 स्थानों पर ही इन दोनों पार्टियों के बीच सीधी टक्कर रही। इन दलों के करीब 60 फीसदी उम्मीदवारों की जमानत जब्त हो गई। अनेक उम्मीदवारों को शर्मनाक हार का सामना करना पड़ा। ज़्यादातर स्थानों पर लड़ाई मुख्यतः सपा और बसपा के बीच हुई।

भाजपा के लिये सबसे ज़्यादा शर्मनाक बात यह रही कि अयोध्या की जिस सीट पर वह 20 साल से काबिज थी, वह भी इस चुनाव में हार गयी।

हां, तो बात शुरू हुई थी महिलाओं से; महिलाओं ने इस बार मतदान में बहुत ही बढ़-चढ़कर हिस्सा लिया। भले ही 2007 की तुलना में 2012 में, उत्तर प्रदेश में 1.37 करोड़ मतदाताओं की संख्या बढ़ी; मगर 2007 की तुलना में 2012 में 2.39 करोड़ अधिक मतदाताओं ने वोट डाले। सबसे दिलचस्प तथ्य यह है कि महिला मतदाताओं की संख्या में दो से तीन प्रतिशत की बढ़ोतरी हुई।

2012 के चुनाव में अखिलेश यादव के करिश्मे ने वाकई सारा चुनावी परिदृश्य बदलकर रख दिया। जिस तरह से मतदाताओं ने मायावती के नेतृत्त्व वाली बसपा सरकार को खारिज कर दिया और समाजवादी पार्टी को प्रचंड बहुमत देकर अपनाया, उससे साफ हो गया कि उत्तर प्रदेश में तमाम राजनीतिक समीकरणों पर उम्मीद की साइकिल हावी थी। मतदाताओं ने सामाजिक न्याय और धर्मनिरपेक्षता के नारों को दरकिनार करके उम्मीदों का दामन थामने का फैसला किया। अखिलेश के चमत्कार का सबसे महत्त्वपूर्ण पहलू यह रहा कि उन्होंने छलावों वाली कोई बात ही नहीं कही। उन्होंने केवल रोजगार के अधिक व बेहतर मौकों, अच्छी व सस्ती शिक्षा, स्वास्थ्य सुविधाओं, गुंडों-माफियाओं से मुक्ति और किसी भेदभाव के बिना सबको इंसाफ दिलाने की नीयत जताई।

अखिलेश का प्रभाव ही था कि सामाजिक हैसियत बनाने और बढ़ाने की कागज़ी बातें करनेवाले भी चुनावों में छात्रों को कंप्यूटर-लैपटाप, गन्ने की कीमतों, कानून-व्यवस्था, सड़क-बिजली-पानी आदि की बातें करने पर मजबूर हो गये। ऐसा पहली बार हुआ कि देश की प्रमुख राष्ट्रीय पार्टियों ने खुले बाज़ार, भारत उदय और समान आर्थिक विकास के जटिल नारे देने के बजाय अति पिछड़ों, अति दलितों और मुसलमानों को आरक्षण तथा आरक्षण कोटे के भीतर कोटे पर अपना नज़रिया जनता के सामने रखा।

अखिलेश ने मुसलमान मतदाताओं को किसी वोट बैंक के रूप में आचरण करने के बजाय अपने समाज की जरूरतों, सपनों, उम्मीदों और उन्हें पूरा कर सकनेवालों की नीयत को ध्यान में रखकर सही उम्मीदवारों को जिताने की भी हर जगह अपील की थी। मुसलमानों ने इस अपील को भी महत्त्व दिया।

अखिलेश ने कहीं भी किसी पर व्यक्तिगत दुर्भावना से कोई व्यक्तिगत या गंदा आरोप नहीं लगाया, वह बहुत सलीके से अपने विरोधियों कथनी-करनी की पोल खोलते रहे। उन्होंने समाजवादी पार्टी को वोट देने से ज़्यादा, मतदाताओं से भ्रष्टाचार और राजनीतिक अहंकार में डूबी पार्टियों को सबक सिखाने की अपील की थी। इस अपील का खामियाजा भी सपा के विरोधियों ने भुगता।

संसाधनों की कमी के बावजूद अखिलेश महारथी माने गए

बेबाक पत्रकारिता और समाज का मिजाज़ भांपने में माहिर समाचार पत्रिका *तहलका* ने अपने एक अंक की आवरण कथा 'प्रचंड है आरंभ' में, अखिलेश यादव को उ.प्र. के विधानसभा चुनावों का असली नायक बताया।

उस खास रिपोर्ट में सबसे पहले राहुल गांधी के अंग्रेज़ी प्रेम की चीर-फाड़ और अखिलेश की विनम्रता की तुलना की गयी थी।

पहली घटना में बताया गया कि उत्तर प्रदेश में चौथे चरण का मतदान खत्म होने के बाद राहुल गांधी ने दिल्ली में केवल अंग्रेज़ी अखबारों-पत्रिकाओं और चैनलों के बड़े पत्रकारों को नाश्ते पर आमंत्रित करके उनके सामने 'विज़न यूपी' प्रस्तुत किया। इस मौके पर हिंदी के पत्रकारों या चैनलों को कोई तरजीह नहीं दी गयी।

इसके उलट, तीसरे चरण के मतदान से ठीक पहले लखनऊ पहुंचकर, जब एक चर्चित अंग्रेजी न्यूज चैनल की विख्यात महिला पत्रकार ने अखिलेश से उसी दिन उनके हेलीकॉप्टर में चुनावी क्षेत्रों की यात्रा करने की मांग की तो अखिलेश ने पूरी विनम्रता से इसलिए ठुकरा दिया क्योंकि एक हिंदी पत्रकार का उनके साथ जाना पहले से ही तय था। हालांकि बाद में सड़क मार्ग से अपनी एक यात्रा में अखिलेश ने उस पत्रकार को भी मौका दिया।

पत्रिका ने अपनी रिपोर्ट में बताया कि देश में युवा राजनीति का परचम लहरा रहे दोनों नेताओं में से एक को यह मालूम ही नहीं था कि उ.प्र. के मतदाता के दिलोदिमाग़ पर किस भाषा का पत्रकार असर डाल सकता है। इसी रिपार्ट में कहा गया कि यूपी में *नेताजी* से लेकर *भैयाजी* (अखिलेश) तक से कोई भी समाजवादी मुलाकात और बातचीत कर सकता था, मगर कांग्रेसियों के नसीब में पूरे सूबे में उनसे बात करनेवाला उपलब्ध नहीं था, राहुल जी से मिलना तो दूर की कौड़ी थी। रिपोर्ट ने निष्कर्ष निकाला कि लोगों से ज़्यादा अपनेपन से पेश आने के गुण से ही अखिलेश के पार्टी को फायदा पहुंचा। मतदाताओं को अखिलेश बातचीत से लेकर व्यवहार तक, लोगों को अपने ज़्यादा करीब लगे और अपने वादों और प्रयासों में ईमानदार नजर आये।

6 मार्च, 2012 को, दोपहर से पहले ही यह पूरी तरह से स्पष्ट हो चुका था कि समाजवादी पार्टी पूर्ण बहुमत प्राप्त करने की दिशा में अग्रसर हैं और वह भी बिना किसी सहारे के।

मायावती का विशाल हाथी समाजवादी बूट के नीचे कुचले हुए कॉकरोच की भांति नज़र आ रहा था। भारी-भरकम बसपा और मुख्यमंत्री मायावती, जिन्होंने 2007 के विधानसभा चुनावों में 206 सीटें हासिल की थीं, इस बार केवल 80 सीटों तक सिमटकर रह गयीं थीं। उनके सहयोगी चौधरी लक्ष्मीनारायण, लालजी वर्मा, जगदीश नारायण राय, नंद गोपाल गुप्ता नंदी, अब्दुल मेनन, संग्राम सिंह वर्मा, जयवीर सिंह तथा विधानसभाध्यक्ष सुखदेव राजभर सहित कई आगउगलू वाले नेता हार चुके थे।

भाजपा को कुछ खास नुकसान नहीं हुआ था, उसे 2007 में मिली 51 सीटों के मुकाबले इस बार केवल चार सीटें ही कम मिलीं थीं। चरखारी से उमा भारती, पूर्वी लखनऊ से कलराज मिश्र तथा उपनेता हुकुम सिंह के अलावा सभी प्रमुख और वरिष्ठ भाजपा नेता अपनी सीट से जीत गए थे। पराजित नेताओं में पत्थरदेवा से पार्टी के प्रदेश अध्यक्ष सूर्य प्रताप शाही, सिसवां से पूर्व प्रदेश अध्यक्ष रमापति राम त्रिपाठी, चुनार से विधायी पार्टी के नेता ओम प्रकाश, पूर्व प्रदेश अध्यक्ष तथा पूर्व विधान सभाध्यक्ष केसरी नाथ त्रिपाठी शामिल थे।

कांग्रेस की स्थिति काफी दर्दनाक थी। उसे बहुत अपमानजनक पराजय मिली थी। राहुल गांधी की कठिन मेहनत भी उसे 2007 के चुनावों में प्राप्त 22 सीटों की तुलना में केवल 6 ज्यादा सीटें ही दिलवा सकी। कांग्रेस राहुल गांधी द्वारा किये गए आक्रामक प्रचार और उनके जादू के बावजूद किनारे पर ही रह गयी। कांग्रेस ने बसपा व भाजपा की तुलना में कहीं बेहतर प्रदर्शन की उम्मीद की थी, किंतु पार्टी के बड़बोले नेताओं और प्रमुख पदाधिकारियों के बीच आपसी कलह की कीमत चुकानी पड़ी। इस बार उनके कई प्रमुख नेता हार गये थे।

कांग्रेस के अभेद्य किले बाराबंकी में उसे एक भी सीट नहीं मिली। समाजवादी पार्टी छोड़कर कांग्रेसी नेता बने और मुलायम सिंह को कोसनेवाले केंद्रीय इस्पात मंत्री बेनी प्रसाद वर्मा तथा उनके सलाहकार- राष्ट्रीय अनुसूचित जाति/जनजाति आयोग के चेयरमैन पीएल पूनिया भी अपनी सीट बचा पाने में सफल नहीं हुए।

पिछड़ों के नेता और उ.प्र. में अपने दबदबे के दावे पर केंद्रीय मंत्री बने बेनी प्रसाद वर्मा खुद अपने बेटे राकेश वर्मा की सीट तक बचा नहीं सके। समाजवादी पार्टी के राजीव कुमार सिंह ने राकेश वर्मा को ऐसी पटखनी दी थी कि वह तीसरे पायदान पर जा गिरे थे।

कांग्रेस के सांसद जगदम्बिका पाल का बेटा भी बस्ती सदर सीट को नहीं जीत पाया। कांग्रेस की इज़्ज़त बचाई प्रदेश अध्यक्ष रीता बहुगुणा जोशी ने जिन्होंने लखनऊ कैंट से जीत हासिल की और रामपुर खास से हमेशा विजयी रहनेवाले प्रमोद तिवारी इस बार भी चुनाव जीतने में कामयाब रहे।

आश्चर्यजनक तौर पर कांग्रेस के बुजुर्ग नेता अम्मार रिज़वी ने भी अपनी सीट गंवा दी। दूसरी ओर मुलायम सिंह यादव के कट्टर आलोचक केंद्रीय कानून मंत्री

सलमान खुर्शीद की पत्नी लुइस खुर्शीद की फर्रूखाबाद में जमानत तक जब्त हो गयी।

सबसे ज़्यादा शर्म की बात थी कि नेहरू-गांधी परिवार का गढ़ कहे जाने वाले रायबरेली और अमेठी लोकसभा निर्वाचन क्षेत्र, जिनका प्रतिनिधित्व क्रमशः सोनिया गांधी और राहुल गांधी द्वारा किया जाता है, में कांग्रेस धूल में मिल गयी। कांग्रेस रायबरेली लोकसभा निर्वाचन क्षेत्र में एक भी सीट रोक नहीं पायी तो अमेठी में उसे पांच में से तीन निर्वाचन क्षेत्रों में पराजय का मुंह देखना पड़ा। इसे अखिलेश की आंधी की बदौलत कहें या कोई और कारण, परंतु अमेठी से तीन बार विधायक रहीं और सुल्तानपुर से कांग्रेसी सांसद संजय सिंह की पत्नी अमिता सिंह भी अपनी सीट गंवा बैठीं। उनके पति के किले सुल्तानपुर में भी में ऐसा ही हुआ, जहां सभी पांचों सीटें सपा के खाते में चली गयीं।

राष्ट्रीय लोक दल के चौधरी अजीत सिंह का मुंह भी इन परिणामों ने बंद कर दिया क्योंकि उन्होंने ही बयान दिया था कि बहुमत का आंकड़ा न पाने पर समाजवादी पार्टी के साथ हम कांग्रेस को किसी प्रकार का गठजोड़ नहीं करने देंगे। केवल चौधरी अजीत सिंह का बेटा जयंत चौधरी ही अपनी प्रतिष्ठा बचा सका। इसी तरह से 2007 के 19 निर्दलीय उम्मीदवारों की गिनती भी घटकर केवल 14 रह गयी।

समाजवादी पार्टी ने उ.प्र. विधानसभा चुनावों में बड़ी संख्या में युवाओं और महिला उम्मीदवारों को टिकट दिये थे। उनमें से 122 उच्च शिक्षित थे और पहली बार मैदान में उतरे थे। इन उम्मीदवारों में से 75 प्रतिशत ऐसे थे, जिन्होंने छात्रसंघों की राजनीति भी की थी। कुल 40 प्रतिशत महिलाओं को टिकट देकर समाजवादी पार्टी ने महिला विरोधी होने के आरोप को भी धो डाला था। टिकट के लिये लगभग 50 बाहुबली उम्मीदवारों ने भी जोर लगाया, मगर सभी नाकाम रहे।

मतदाताओं ने साबित कर दिया था कि निर्विवादित रूप से उत्तर भारत के सबसे कद्दावर नेताओं में एक और दिल से सबका भला चाहनेवाले *नेताजी* के रूप में विख्यात मुलायम सिंह यादव द्वारा अपने बेटे को चुनाव संचालन की जिम्मेदारी देने का फैसला सही था। अखिलेश यादव की दिन-रात की मेहनत और पार्टी की छवि बदलने की कोशिशें रंग ला चुकी थीं।

आमतौर पर प्राय: राजनीति से अलग-थलग रहनेवाले शिक्षित युवा वर्ग को पार्टी और राजनीति में लाने की अखिलेश यादव की कोशिशों ने भी समाजवादी पार्टी के बारे में जनभावनाओं को बदलकर रख दिया था। लोहिया और गांधी को अपना आदर्श मानने वाले अखिलेश पार्टी में स्वच्छता के पक्षधर हैं। उन्होंने पार्टी प्रबंधन-प्रशासन-प्रचार कार्य में भी उच्च शिक्षितों तथा युवाओं को महत्त्व दिया है। आज समाजवादी पार्टी में कम-से-कम 122 विधायक 40 वर्ष से कम आयु के है और चार दर्जन विधायक 30 वर्ष के भी नहीं हुए हैं।

आई आई टी दिल्ली में असिस्टेंट प्रोफेसर, 33 वर्षीय डॉ. संजीव यादव अखिलेश यादव की कोर टीम के तकनीकी सलाहकार हैं। उन्होंने एक साक्षात्कार में कहा कि अखिलेश ने पूरी पार्टी को साफ-सुथरा बना दिया है। उन्होंने इस काम को एक मिशन के तौर पर लिया और आपराधिक रिकॉर्ड वाले सभी लोगों को बाहर कर दिया। आज यदि पार्टी में आपराधिक पृष्ठभूमि वाला कोई नेता बचा भी होगा तो शायद इसलिए क्योंकि हम उस व्यक्ति के इतिहास से अभी तक अनजान हैं।

समाजवादी पार्टी के तीन प्रमुख विभागों : समाजवादी युवजन सभा, छात्र सभा तथा लोहिया वाहिनी पर भी उच्च शिक्षित युवाओं का कब्जा है। युवजन सभा की अध्यक्षता जनसंचार विशेषज्ञ डॉ. संजय लथार के हाथों में है। डॉ. राजपाल यादव छात्र सभा तथा डॉ. निर्भय पटेल लोहिया वाहिनी के प्रदेश अध्यक्ष हैं। उत्तर प्रदेश के विभिन्न जिलों में पार्टी की विभिन्न इकाइयों के 75 अध्यक्षों में से 27 लोग 35 की आयु से कम के है।

डॉ. लथार के अनुसार, 'अखिलेश जी को उम्मीद है कि शिक्षा और युवा शक्ति की यह तारतम्यता अगले लोकसभा चुनावों में भी चमत्कारी नतीजे देगी। अद्‍भुत कार्य करेगी।'

संक्षेप में कहे तो 6 फरवरी 2012 को प्रचार का पहला चरण समाप्त हुआ था और 8 फरवरी को राज्यों में 55 सीटों के लिए हुए विधानसभाचुनावों के लिए पहले चरण का मतदान बिना किसी अप्रिय घटना के 62 प्रतिशत तक प्रभावी हुआ। पहले चरण का मतदान 10 जिलों में हुआ था– सीतापुर, बाराबंकी, फैजाबाद, अम्बेडकर नगर, बहराइच, श्रावस्ती, बलरामपुर, गोंडा, सिद्धार्थ नगर तथा बस्ती में कई क्षेत्रों में सुबह की मूसलाधार बरसात के कारण शुरुआत धीमी रही। किंतु बाद में उसने रफ्तार पकड़ ली थी। इस चरण में कुल 1.70 करोड़ लोग मतदान के योग्य थे। पहले चरण

के मतदान में 862 उम्मीदवारों में सबसे ज्यादा बाराबंकी से 26 तथा सबसे कम महमूदाबाद से 8 उम्मीदवार थे।

फरवरी में दूसरे चरण का मतदान भी 59 प्रतिशत के लगभग रहा जिसमें 1.92 करोड़ मतदाताओं ने मताधिकार का प्रयोग किया। उत्तर प्रदेश विधानसभा चुनावों में तीसरे चरण का प्रचार 10 से अधिक जिलों में 50 सीटों के लिए था जो 10 जिलों में 13 फरवरी को समाप्त हुआ, जिसमें सीएसएम नगर, सुल्तानपुर, कौशाम्बी, इलाहाबाद, जैमपुर, चंदौली, वाराणसी, संत रविदास नगर, मिर्जापुर तथा सोनभद्र में मतदान होना था। इनमें 90.5 लाख पुरुष तथा 80.3 लाख महिला मतदाताओं को 1018 उम्मीदवारों के भाग्य का फैसला करना था।

15 फरवरी को तीसरे चरण में 57.25 प्रतिशत रिकॉर्ड मतदान हुआ। चौथे चरण के मतदान में, 19 फरवरी को 57.2 प्रतिशत मतदान रिकार्ड किया गया जिसमें 1. 72 करोड़ मतदाताओं ने अपने मताधिकार का प्रयोग कर 11 जिलों में 56 विधानसभा निर्वाचन क्षेत्रों के लिए अपने प्रतिनिधि चुने। ये 11 जिले थे- लखनऊ, हरदोई, उन्नाव और प्रतापगढ़ आदि जहां कुल 966 उम्मीदवार मैदान में थे।

23 फरवरी 2012 को पांचवें चरण के मतदान में 59.20 प्रतिशत से कम मतदान रिकॉर्ड किया गया। 23 फरवरी को पांचवें चरण के मतदान पूरी तरह सुरक्षित और शांतिपूर्ण तरीके से सम्पन्न हुए।

प्रदेश के छठे और अंतिम चरण के मतदान में 68 सीटों के लिए 13 उम्मीदवार मैदान में थे जिनमें 1017 पुरुष तथा 86 महिला उम्मीदवार थे, जिनके भाग्य का फैसला 13 जिलों में फैले मतदान केंद्रों पर होना था। गाजियाबाद और गौतमबुद्ध नगर (नोएडा) सहित सहारनपुर, मेरठ, बागपत, गाजियाबाद, पंचशील नगर, बुलंदशहर, अलीगढ़, मुजफ्फरनगर, मथुरा, महामाया नगर और आगरा शामिल थे। इन क्षेत्रों में 28 फरवरी को रिकॉर्ड 60.08 प्रतिशत मतदान हुआ।

उत्तर प्रदेश विधानसभा चुनावों में 10 जिलों की 60 सीटों के लिए अंतिम व सातवें चरण को मतदान से 962 उम्मीदवारों के भाग्य का फैसला हुआ। बिजनौर, मुरादाबाद, भोमनाथ, रामपुर, ज्योतिबा फुले नगर, बदायूं, बरेली, पीलीभीत, शाहजहांपुर तथा लखीमपुर खीरी जिलों में 1.82 करोड़ से ज्यादा मतदाताओं ने 3 मार्च को 62. 04 प्रतिशत रिकॉर्ड मतदान किया।

इन चुनावों में समाजवादी पार्टी तथा उसके प्रदेश अध्यक्ष अखिलेश यादव ने हर पार्टी को पीछे छोड़ दिया। समाजवादी पार्टी ने 592 सभाएं की और अखिलेश ने अकेले ही 501 जनसभाओं को सम्बोधित किया था। यह गणित अन्य पार्टियों की तुलना में कहीं आगे था। बसपा ने केवल 413 बैठकें की और पार्टी की ओर से केवल नसीमुद्दीन सिद्दकी ने ही 211 रैलियों को सम्बोधित किया था जो समाजवादी पार्टी की आधी भी नहीं थी।

भाजपा नेताओं, विशेषकर उमा भारती और उनके नेतृत्व में 362 बैठक हुई थी, किंतु वह कोई बड़ी रैली आयोजित नहीं कर सकीं। कांग्रेस नेताओं ने 302 बैठकें की और अकेले राहुल गांधी ने 195 रैलियों को सम्बोधित किया था।

क्या यह आंकड़े आपको उस प्रसिद्ध मुहावरे की याद नहीं दिलाते-*जैसा बोओगे वैसा ही काटोगे।*

13

नयी आशाओं की सुबह

6 मार्च 2012 को जब उत्तर प्रदेश विधानसभा चुनावों के नतीजे घोषित हो रहे थे, तब आरंभ में यह संशय बना हुआ था कि नया मुख्यमंत्री कौन होगा? लेकिन दो तीन दिन में ही स्थिति बड़ी तेजी से स्पष्ट होती चली गयी। चार दिन बाद नवनिर्वाचित समाजवादी विधायक अपने नेता का चयन करने के लिए लखनऊ में विक्रमादित्य रोड पर पार्टी मुख्यालय में इकट्ठा हुए। विधानमंडल समिति के वरिष्ठ

'अमूल' ने भी अखिलेश के उदय को राष्ट्रीय महत्त्व दिया

नेता आजम खां ने दल के नेता के रूप में अखिलेश के नाम का प्रस्ताव रखा, जिसका समर्थन नेताजी के सगे भाई और पार्टी के प्रमुख नेता शिवपाल सिंह यादव ने किया। और इस प्रकार अंततः 10 मार्च 2012 को अखिलेश सर्वसम्मति से उत्तर प्रदेश के नये मुख्यमंत्री चुन लिये गये।

पार्टी के प्रदेश अध्यक्ष और चुनावी सेनापति के रूप अब तक काम करते आये अखिलेश यादव को जब बोलने को कहा गया, उनके मुख से निकले पहले वाक्यों ने ही स्पष्ट कर दिया कि वह वाकई प्रदेश में नयी उम्मीदों को हकीकत में बदलने का काम करना चाहते थे।

नामित मुख्यमंत्री के रूप में अखिलेश यादव ने सधे शब्दों में कहा कि अब हमें प्रदेश को आगे बढ़ाना है। लोगों के सपने पूरे करने हैं। हम राजनैतिक दुश्मनियां निभाने और किसी भी तरह के निजी प्रतिशोध की भावना में आये बिना कार्य करेंगे। अब तक विकास से उपेक्षित सभी क्षेत्रों का कायापलट करेंगें। अपनी पार्टी की छवि को सुधारेंगें। कानून और व्यवस्था हमारी प्राथमिकताओं में सबसे ऊपर रहेंगें। हमारी पार्टी बड़ों से सीखकर और नयों को सिखा कर आगे बढ़ेगी। देश की राजनीति में मुकाम बनायेगी।

पार्टी अध्यक्ष मुलायम सिंह यादव ने संक्षिप्त शब्दों में सबको आशीर्वाद देते हुए कहा कि समाजवादियों की जीत से जनता को खुशी और खुशहाली हासिल हो, यही असली जीत का जश्न होगा। उन्होंने कुछ समय पहले ही मीडिया से बातचीत करते हुए कहा कि नये मंत्रीमंडल का आकार छोटा रहेगा। उसमें शिवपाल यादव तथा समाजवादी पार्टी के प्रमुख मुस्लिम नेता आजम खां को प्रमुख जिम्मेदारियां दी जायेंगी।

जैसे ही ब्राडकास्ट मीडिया ने चैनलों पर अखिलेश यादव के मुख्यमंत्री चुने जाने की ब्रेकिंग न्यूज़ दी, आनन फानन ही ट्विटर, एसएमएस और टेलीविजन चैनलों में उत्साहजनक प्रतिक्रियाओं तथा बधाई संदेशों का सिलसिला चालू हो गया। केंद्रीय खेल मंत्री अजय माकन ने ट्विीट किया, 'आल द बेस्ट अखिलेश। अब साबित कर दो कि इस देश का युवा, नेतृत्व की भूमिका निभाने के लिये तैयार हो चुका है।'

मुख्यमंत्री चुने जाने के फौरन बाद ही अखिलेश यादव ने एक प्रेस कांफ्रेंस में घोषणा की, 'मतदाताओं ने जाति और धर्म से ऊपर उठकर हमारी पार्टी को जिताया

राज्यपाल बी.एल. जोशी को मुख्यमंत्री के चयन का पत्र सौंपते समाजवादी नेता

है। हम पर भरोसा किया है। हमें वोट दिया है। इसलिए हमारी पार्टी भी सभी को बिना भेदभाव के इंसाफ, विकास और खुशहाली देने के लिये जी-जान से जुटेगी। हमने अपने चुनाव घोषणापत्र में जितनी भी घोषणाएं की हैं, सभी को हर कीमत पर पूरा करेंगें। हमारे अगले कार्यक्रम भी इसी तरह के होंगे। हमारी पार्टी राज्य में कड़ी कानून-व्यवस्था कायम करने को वचनबद्ध है। हम कोताही और लापरवाही बरतनेवाले अफसरों तथा कर्मचारियों से बेहद सख्ती से निपटेंगें। यहां तक कि अनुशासनहीनता दिखानेवाले पार्टी कार्यकर्ताओं को भी बख्शा नहीं जायेगा।'

विधानमंडल दल की बैठक के फौरन बाद, समाजवादी पार्टी के वरिष्ठ नेता आज़म खां, शिवपाल सिंह यादव, अम्बिका चौधरी और पार्टी प्रवक्ता राजेंद्र चौधरी आदि का प्रतिनिधिमण्डल, अगली सरकार बनाने का दावा पेश करने का पत्र देने प्रदेश के राज्यपाल बी.एल. जोशी के पास पहुंचा।

इन नेताओं ने राज्यपाल को, विधानमंडल पार्टी की बैठक में सर्वसम्मति से अखिलेश यादव को पार्टी के नेता तथा प्रदेश के 33वें मुख्यमंत्री के रूप में चुने जाने की जानकारी देते हुए बताया कि पार्टी द्वारा नई सरकार का शपथ ग्रहण

लखनऊ के ऐतिहासिक लॉ मार्टियर कॉलेज ग्राउंड पर 15 मार्च को सुबह 11 बजे कराने का भी सर्वसम्मति से फैसला किया गया है।

कार्यक्रम में मौजूद सभी अतिथियों और मीडिया प्रतिनिधियों ने शपथ ग्रहण कार्यक्रम के आरंभ में ही अखिलेश के व्यक्तित्व तथा नैतिक चरित्र का एक नये रूप में आभास किया।

राज्यपाल बी.एल.जोशी के आगमन से पूर्व ही अखिलेश ने शपथ ग्रहण स्थल पर मौजूद सभी लोगों को बारी-बारी से प्रणाम किया और फिर मंच पर चले गये। राज्यपाल जब उन्हें पद और गोपनीयता की शपथ दिलाने लगे, तभी अखिलेश का ध्यान मंच पर रखी गयीं कुर्सियों की ओर गया। राज्यपाल तथा नवनियुक्त मुख्यमंत्री की कुर्सियों के बीच करीब सात फुट की दूरी थी।

पद और गोपनीयता की शपथ से ज़रा पहले ही, अखिलेश ने इन कुर्सियों को पास-पास रखने का आदेश देते हुए धीमे से कहा, 'भई, जनता का भला करना हो तो, राज्यपालजी से मुख्यमंत्री की इतनी दूरी ठीक नहीं।'

प्रदेश के सबसे युवा मुख्यमंत्री के रूप में शपथ लेते अखिलेश

माइक खुला होने के कारण, उनके इस वाक्य को वहां मौजूद सभी लोगों ने सुना और खुशी में तालियां बजा दीं। उ.प्र. का सबसे युवा मुख्यमंत्री, संवैधानिक मर्यादा की उस नैतिकता के प्रति आस्था व्यक्त कर रहा था, जो कई सालों से प्रदेश से लापता थी।

शपथ ग्रहण समारोह में पूर्व मुख्यमंत्री रहे अखिलेश के पिता व पार्टी अध्यक्ष *नेताजी* मुलायम सिंह यादव, अखिलेश की पत्नी डिंपल, केंद्रीय मंत्री पवन कुमार बंसल, कांग्रेसी नेता मोतीलाल वोरा, पंजाब के मुख्यमंत्री प्रकाश सिंह बादल, इंडियन नेशनल लोकदल के नेता ओम प्रकाश चौटाला, कम्युनिस्ट पार्टी (मार्क्सवादी) के सचिव प्रकाश करात, सीपीआई नेता एबी बर्धन और विख्यात उद्योगपति अनिल अंबानी, सुब्रत राय सहारा, फिल्म जगत के महानायक अमिताभ बच्चन, जया बच्चन, अनिल कपूर, फिल्म निर्माता बोनी कपूर तथा हरदिल अजीज़ शायर जावेद अख्तर सहित कई जानी-मानी राजनीतिक, औद्योगिक व फिल्मी हस्तियां मौजूद थीं।

अखिलेश द्वारा मुख्यमंत्री पद की शपथ लेने के बाद राज्यपाल ने 19 कैबिनेट मंत्रियों तथा 29 राज्य मंत्रियों को भी पद एवं गोपनीयता की शपथ दिलाई। इनमें सर्वश्री आजम खां, शिवलाल सिंह यादव, अहमद हसन, वकार अहमद, राजा महेंद्र अरिदमन सिंह, अम्बिका चौधरी, आनन्द सिंह, रघुराज प्रताप सिंह 'राजा भैया', बलराम यादव, अवधेश प्रसाद, ओम प्रकाश सिंह, पारसनाथ यादव, राम गोविंद चौधरी, दुर्गा प्रसाद यादव, ब्रह्मा शंकर त्रिपाठी, कामेश्वर उपाध्याय, राजा राम पांडे, राजकिशोर सिंह तथा शिव कुमार बेरिया आदि प्रमुख थे।

राज्यमंत्रियों के रूप में में शाहिद मंजूर, श्रीमती अरुणा कुमारी कोरी, अभिषेक मिश्र, इकबाल महमूद, महबूब अली, रियाज़ अहमद, फरीद महफूज़ किदवई, वसीम अहमद, नरेंद्र सिंह यादव, शिव प्रताप यादव, राजेंद्र सिंह राणा, मूल चंद्र चौहान, अरविंद कुमार सिंह गोप, राजीव कुमार सिंह, विनोद कुमार सिंह उर्फ पंडित सिंह, भगवत शरण गंगवार, नरेंद्र वर्मा, राम मूर्ति वर्मा, सुरेंद्र सिंह पटेल, चितरंजन स्वरूप, मानपाल सिंह वर्मा, कमाल अख्तर, शंखलाल मांझी, कैलाश चौरसिया, रामपाल राजवंशी, मनोज पारस, रामकरन आर्य तथा जगदीश सोनकर आदि सम्मिलित किये गये।

अखिलेश सरकार का मंत्रिमंडल नये पुराने लोगों का एक संतुलित मिश्रण है। हालांकि आज़म खां, वकार अहमद शाह, शिवपाल यादव, अहमद हसन तथा

अम्बिका चौधरी को उनकी वरिष्ठता के मुताबिक कैबिनेट मंत्री बनाया गया, तो दूसरी ओर लखनऊ उत्तरी से पहली बार विधायक बने अभिषेक मिश्रा को भी मंत्रिपरिषद में शामिल किया गया। तीन कैबिनेट मंत्रियों तथा सात राज्य मंत्रियों के रूप में मुस्लिमों को भी सरकार में पर्याप्त प्रतिनिधित्व दिया गया।

शपथ ग्रहण के बाद मीडिया से बातचीत करते हुए अखिलेश ने घोषणा की, 'समाजवादी पार्टी घोषणापत्र में किये गये अपने सभी वायदों को हर हाल में कम से कम समय में पूरा करेगी। कानून और व्यवस्था आज से हमारी प्रमुख जिम्मेदारी होगी।' माया सरकार का नाम लिये बिना नये मुख्यमंत्री ने कहा, 'पिछली सरकार में जो ग़लत काम हुए थे, वह इस राज्य में कभी नहीं होंगे।'

जब उनसे पूछा गया कि निशुल्क लैपटॉप, टैबलेट कंप्यूटर और बेरोजगारी भत्ते समेत अपनी अन्य जनकल्याणकारी घोषणाओं के लिए धन की व्यवस्था कहां से करेंगे? फौरन ही जवाब मिला, 'निश्चित रूप से प्रबंध होगा। जिन स्मारकों का आम जनता के हित से कोई नाता नहीं है, यदि उनके लिये पत्थरों और सैकड़ों कीमती मूर्तियों के लिए पैसों की व्यवस्था की जा सकती है, तो ये योजनाएं तो शिक्षा और मदद की योजनाएं हैं। इनके लिए धन की कमी कैसे हो सकती है?'

पत्रकारों के साथ एक अन्य बातचीत में अखिलेश ने अपने परिवार की परंपराओं तथा अपने पिता मुलायम सिंह यादव द्वारा हर हाल में जनहित को प्राथमिकता देने की सीख को श्रेय देते हुए कहा, 'छोटे लोहिया नाम से विख्यात जनेश्वर मिश्र का भी मेरी सोच पर बहुत प्रभाव पड़ा। जब 2000 में मुझे कन्नौज लोकसभा सीट से चुनाव लड़ने का निर्देश मिला, तब मेरी सोच में और भी बदलाव आये। अपने पिता के आदर्श तथा भारत में समाजवादी आंदोलन के जनक डॉ. राममनोहर लोहिया के चुनाव क्षेत्र की सेवा का मुझे मौका जो मिला था।

करीब 10 साल पहले की मेरी पहली रथ यात्रा को छोटे लोहिया ने ही हरी झंडी दिखाई थी। अपने पिता समेत सभी समाजवादी दिग्गजों से मैंने यह ही सीखा है कि जनहित के फैसले लेने और लागू कराने में कोई देर नहीं होनी चाहिए। यह सोच वक्त के साथ और भी मजबूत हुई है।

पार्टी के नेताजी, मेरे पिताजी यह भी कहते हैं कि अपने हित, अपने परिवार के भले पर सबसे बाद में ध्यान दो और ज़रूरतमंद जनता की सबसे पहले सुनो।

वह चाहते हैं कि छ महीने से एक साल के बीच पार्टी घोषणापत्र में किये गये हर वायदे को लागू करा दिया जाये।

हम परिस्थितियों, धन और संसाधनों की कमियों तथा जनअपेक्षाओं से परिचित हैं और हमारी पार्टी भी उत्तर प्रदेश में बिना समय गंवाये एक ऐसा बदलाव लाना चाहती है, जो दिखाई दे जिसे आम जनता महसूस कर सके।"

अखिलेश को अनुशासनहीनता, काम चोरी, बेईमानी, नफ़रत की सियासत और हिंसा सरासर नापसंद है। जब उन्हें पता चला कि उनके शपथ ग्रहण कार्यक्रम के बाद कुछ कथित समाजवादी कार्यकर्ता खुशी के जोश में मंच पर चढ़कर हंगामा करने लगे थे, तो उन्होंने फोटो के आधार पर उन सभी को पहचानने तथा नियमानुसार कानूनी कार्रवाई के आदेश दिये।

14

वायदे निभाने का दौर

अपने पिता मुलायम सिंह यादव की ही तरह, अखिलेश भी नीयत व नीति के साफ़ और ज़बान के पक्के हैं। वह बिना सोचे कुछ कहते नहीं और जो कहते हैं, उसे हर हाल में निभाते हैं। भारतीय राजनीति में इस प्रकार का आचरण, भूली बिसरी बात हो चुका था।

'हमारे सामने सबसे बड़ी चुनौती है बेरोज़गारी की। हमें इससे निपटना है। प्रदेश में बेरोज़गारी की समस्या इतनी विकराल है कि किसी को ज़रा भी अंदाज़ नहीं था कि रोज़गार कार्यालयों में इतनी बड़ी संख्या में लोग अपने रजिस्ट्रेशन करायेंगे।' मुख्यमंत्री के रूप में शपथ लेने से एक दिन पहले अखिलेश यादव ने एक समाचार पत्रिका के साथ बातचीत में कहा था।

उन्होंने कहा, 'हमारी सरकार को लोगों की आंखों से देखना है। उनके कानों से सुनना है और इंसाफ करने के लिये ही आगे कदम बढ़ाने है। चाहे बेरोज़गारी कितनी भी बड़ी समस्या हो और चाहे कुछ भी करना पड़े। हमने पार्टी घोषणापत्र में जो भी वायदे किये हैं, उनके एक-एक बिंदु को सख्ती से, ईमानदारी से, बिना देरी के और सही तरीके से लागू करायेंगे।'

और वाकई 15 मार्च को शपथ ग्रहण के फौरन बाद ही, वह शास्त्री भवन स्थित मुख्यमंत्री सचिवालय पहुंचे, उन्होंने शाम तक मंत्रिपरिषद की बैठक आयोजित करने का, अधिकारियों को आदेश दिया।

उसी शाम मंत्रिपरिषद की बैठक में, समाजवादी पार्टी के चुनावी घोषणा पत्र में किये गये विभिन्न वायदों को पूरा करने की शुरुआत करते हुए, मुख्यमंत्री ने प्रदेश के युवाओं पर लगभग 4,400 करोड़ रुपये की मंजूरियों की बरसात ही कर दी। उन्होंने राज्य के रोज़गार कार्यालयों में रजिस्टर्ड, दसवीं तक शिक्षित प्रदेश के 35 वर्ष आयु तक के हर बेरोजगार को 1000 रुपये प्रतिमाह बेरोज़गारी भत्ता देने की घोषणा को भी मंजूरी दिला दी। इन सभी फैसलों से युवाओं में खुशी की एक लहर दौड़ गयी। उस दिन तक प्रदेश में ऐसे 9,00,000 युवा रजिस्टर्ड थे।

अपने पहले ही आदेश में मुख्यमंत्री अखिलेश यादव ने इन युवाओं को बेरोज़गारी भत्ते का भुगतान 1 अप्रैल 2012 से प्रतिमाह कराने की व्यवस्था करा दी। केवल इस एक फैसले से ही बेरोज़गारों को 1,100 करोड़ रुपये की मदद मिलनेवाली थी। मंत्रिपरिषद ने अपने वायदे के मुताबिक अगली कक्षा में पहुंचते ही दसवीं पास छात्र-छात्राओं को टेबलेट पीसी और बारहवीं पास युवाओं को लैपटॉप कंप्यूटर मुहैया कराने का फैसला भी मंजूर कर दिया।

इस निर्णय का फायदा संस्कृत विद्यालयों, उर्दू-फारसी मदरसों, माध्यमिक परिषद तथा आईसीएससी-सीबीएससी के लगभग 50 लाख पात्र छात्र-छात्राओं को

समाजवादी पार्टी का चुनावी घोषणा पत्र जारी करते हुए मुलायम सिंह यादव तथा अन्य वरिष्ठ नेता

मिलना तय है। अखिलेश सरकार के इस फैसले पर सरकार को हालांकि अपने बजट से 3,000 करोड़ रुपये खर्च करने होंगें, परंतु इससे प्रदेश में साक्षरता को अभूतपूर्व बढ़ावा भी मिलेगा।

उसी दिन सरकार ने मुस्लिम बालिकाओं की दसवीं कक्षा के बाद आगे की शिक्षा अथवा 18 साल की उम्र के बाद निकाह में मदद हेतु एकमुश्त 30 हजार रुपये की मदद के निर्णय को भी मंजूरी दी। इस फैसले पर लगभग 300 करोड़ खर्च होंगे और विभिन्न आय वर्ग के मुस्लिम परिवारों की 1,00,000 छात्राओं की इससे मदद होगी।

इसके साथ ही अपनी पहली ही कैबिनेट बैठक में प्रदेश सरकार ने मुस्लिम कब्रिस्तानों की ज़मीनों पर पिछले दिनों पूरे प्रदेश में हुए अवैध कब्ज़े हटाने के लिये भी सख्त कानूनी कार्रवाई का प्रावधान किया। सरकार ने स्पष्ट किया कि समान रूप से सभी सरकारी नौकरियों के लिये पात्रता की आयु सीमा बढ़ाकर 35 वर्ष कर दी जायेगी और यह फैसला तत्काल प्रभावी होगा।

मंत्रिपरिषद की बैठक के बाद जब एक पत्रकार ने मुख्यमंत्री अखिलेश यादव से पूछा कि इतनी अधिक जनकल्याणकारी योजनाओं के लिए सरकार धन का निरंतर इंतज़ाम कैसे करेगी? तो मुख्यमंत्री ने जवाब दिया, 'राजनीतिक इच्छा शक्ति हो हर सरकार के लिये सब कुछ मुमकिन है। इसी नीयत से अगर कोई सरकार जनहित को दरकिनार करके हज़ारों करोड़ रुपयों से पार्क, मूर्तियां और स्मारक बना सकती है, तो बेरोज़गारों व छात्रछात्राओं के बेहतर भविष्य के लिये क्या है जो नहीं किया जा सकता?'

अखिलेश सरकार शपथ ग्रहण के बाद सिर्फ ये ही फैसले लागू कराके तसल्ली से नहीं बैठ गयी। इसके बाद, तकरीबन हर दिन ही मुख्यमंत्री अखिलेश यादव ने जनता के हितों से जुड़े, हर मामले की फाइलें तलब करनी शुरू कीं। दृढ़ राजनीतिक इच्छाशक्ति दिखाते हुए तमाम दबावों और सिफारिशों के बावजूद, बरसों से संवेदनशील पदों पर डटे तमाम बड़े-छोटे नौकरशाहों, पुलिस और अन्य विभागों के अधिकारियों के स्थान पर बेहतर लोगों की तैनाती करनी शुरू की। बेकसूर लोगों के खिलाफ पिछली सरकार में दर्ज बेबुनियाद मुकदमों की भी समीक्षा करके, मुख्यमंत्री ने उन्हें विभिन्न अदालतों में शीघ्र उचित कार्रवाई के लिये भिजवाया। बहुत से फर्जी मामलों में बिना सबूतों के परेशान किये जा रहे लोगों का उत्पीड़न बंद कराया।

पूर्वनिर्धारित कार्यक्रम के बिना ही अपने कार्यालय के बाहर मीडिया से बातचीत के दौरान उन्होंने कहा, 'नेताजी कहते हैं कि डॉ. लोहिया वादाखिलाफी को भी एक

तरह की बेईमानी मानते थे। डॉ. लोहिया के जन्म दिन पर हमारी सरकार को उन्होंने यही सलाह भी दी है कि चाहे एक घंटा ही सही, मगर हमें फौरन ही जनता की शिकायतों का हर स्तर पर असरदार सुनवाई का बंदोबस्त करना चाहिए। हम मुख्यमंत्री आवास पर पहले और तीसरे बुधवार जनता दर्शन की ही तरह के प्रबंध जिलों में भी करेंगें। मंत्रीगण व अधिकारी नियमित रूप से जनसमस्याओं का नियमित समाधान-सुनवाई करेंगें।'

एक टीवी चैनल से बातचीत के दौरान अखिलेश ने कहा, 'समाजवाद बिना गरीबों, किसानों, मजदूरों, छात्रों, महिलाओं, बेरोजगारों, अल्पसंख्यकों और छोटे कर्मचारियों को राहत पहुंचाये आ ही नहीं सकता। दुनिया में कहीं भी दस्तकारी, कारखाने, कारोबार, उद्योगों और व्यापारियों को तबाह करके समाजवाद लाया ही नहीं जा सकता। हमारा समाजवाद सबकी समानता के पनपने पर टिका है। सबको आगे बढ़ाकर ही हम प्रदेश को खुशहाल बना सकते हैं। हम एक बेहतर तरीके से इन लोगों को, सभी वर्गों को कामयाब बनाकर, उत्तर प्रदेश में तरक्की, खुशहाली का माहौल तथा अमन-चैन को मजबूत बनायेंगे। अपने वायदों और लोगों की उम्मीदों को पूरा करने के लिये हरेक कोशिश करेंगे।'

वास्तव में उत्तर प्रदेश में समाजवादी पार्टी की सरकार ने अब तक आचरण किया भी इसी तरह से है। अखिलेश सरकार अपनी पार्टी के घोषणा पत्र तक ही सीमित नहीं हैं। मौका पाते ही मुख्यमंत्री जनकल्याण का कोई भी नया फैसला लेने में चूक नहीं करते।

घोषणा पत्र में न होने के बावजूद उनकी सरकार ने प्रदेश की सभी बालिकाओं को सरकारी संस्थानों में निशुल्क तकनीकी, मेडिकल तथा इंजीनियरिंग शिक्षा देने, राज्य में सूचना प्रौद्योगिकी क्षेत्र के प्रमुख कारोबारियों को लाने, राज्य में हाईस्कूल और इंटर की परीक्षाओं के दौरान सायं 6 बजे से रात्रि 10 बजे तक निर्बाध विद्युत आपूर्ति और राज्य में जितने पुलों की आधारशिला रखी जा चुकी हैं उन्हें एक साल में मुकम्मल कराने के आदेश जारी किये।

खुद मुख्यमंत्री ने जनहित में खुद अपने से संबंधित अनेक सुविधाओं में भी कटौती की। पूर्व मुख्यमंत्री के काफिले में 40 गाड़ियां धूल उड़ाती-हूटर बजाती चला करती थीं, अखिलेश ने इस व्यवस्था को खत्म करके गाड़ियों को काफिले से हटाने का आदेश दिया।

पूर्व मुख्यमंत्री के समय में 5-कालिदास मार्ग स्थित मुख्यमंत्री के सरकारी आवास पर 75 लाख रुपये सालाना व्यय पर वहां एक अस्पताल कायम किया गया

था। अखिलेश ने उसे भी तत्काल बंद करके वहां नियुक्त वरिष्ठ चिकित्साधीक्षक, ड्यूटी चिकित्सकों, 22 फार्मासिस्टों, 12 स्टाफ नर्सों तथा चार अत्याधुनिक एम्बुलेंसों को भी तत्काल संबंधित अस्पतालों को भेजने का भी आदेश किया।

नयी सरकार ने तबादला उद्योग की रीढ़ तोड़ने के लिए, शपथ ग्रहण के बाद एक पखवाड़े में ही राज्य में तबादला नीति भी लागू करा दी। खनिज उत्खनन के नाम पर होनेवाली लूट खसोट को रोकने के लिये ई–नीलामी का प्रावधान कराया, जिसके कारण कोई भी इस नीलामी से जुड़े हर मामले की खबर रख सकता और उसमें भाग ले सकता है। उन्होंने गरीबों को गंभीर बीमारियों के इलाज की सुविधा देने की भी उच्च स्तरीय व्यवस्था कराई। डेयरी व्यवसाय को लघु उद्योग का दर्जा देने के भी आदेश दिये।

जनहित के मामलों पर अखिलेश की सोच बेमिसाल है। उन्होंने कुछ ऐसे फैसले भी लिये हैं, जिनसे आम जनता को बहुत राहत मिलेगी। छोटे कर्मचारियों, पुलिस के कांस्टेबिलों और कांस्टेबिलों को अब प्रदेश में उनके गृह जिले के नजदीक जिले में तैनात करने पर लगी रोक हटा ली गयी है। सड़क दुर्घटनाओं को रोकने के लिये आरंभिक तौर पर लखनऊ के सभी प्रमुख चौराहों पर क्लोज़ सर्किट टीवी कैमरे लगवाने का फैसला लिया गया है। बाद में इस फैसले को बड़े शहरों में तथा अंतिम चरण में सभी शहरों में लागू किया जायेगा। राज्य में सड़क दुर्घटनाएं रोकने के लिये एक उच्चस्तरीय समिति बनाने का फैसला भी लिया गया है, जिसका जिम्मा पुलिस महानिरीक्षक स्तर के एक अधिकारी को सौंपा गया है।

राज्य सरकार क्षेत्रीय जरूरतों व जनअपेक्षाओं के मुताबिक काम कर रही है। मुख्यमंत्री कृषि आधारित उद्योगों के लिये अलग से नीति बनाने और लागू कराने का फैसला ले चुके हैं। राज्य के सभी पर्यटन क्षेत्रों में आधारभूत सुविधाओं, सफाई, सौंदर्यीकरण और रखरखाव के लिये अलग से प्रावधान कराये गये हैं। लखनऊ, कानपुर, आगरा तथा वाराणसी में मैट्रो व मोनो रेलों तथा तीव्रगामी आधुनिक बसें चलाने की तैयारी रिपोर्ट बनवाई जा रही है। अनेक शहरों में ट्रैफिक जाम को रोकने के लिये बड़े शहरों की ही तरह ओवरब्रिज बनवाने की परियोजनाओं पर विचार किया जा रहा है। केंद्र द्वारा प्रदेश में संचालित जिन योजनाओं, विश्वविद्यालयों और एम्स जैसे बड़े अस्पतालों के लिये पिछली सरकार ने ज़मीनें नहीं दी थीं, उन योजनाओं के लिये निशुल्क ज़मीनें उपलब्ध कराने का काम चालू हो गया है। नयी सरकार ने देश के सभी बड़े औद्योगिक घरानों तथा संस्थानों को तेजी से पनप रहे अन्य विकसित राज्यों की टक्कर में सहूलियतें देकर बुलाने का निर्णय भी ले लिया है।

बाढ़ राहत से लेकर सरकारी सस्ते गल्ले की निर्बाध आपूर्ति तक, हर मामले में नयी सरकार अपने कार्यकाल के पहले ही महीने में जनता के हक में प्रभावी फैसले ले चुकी थी। इस बीच मनमानी की नीयत से पूर्व सरकार द्वारा बनायी गयी, कई ग़लत नीतियों को भी सरकार ने संशोधित किया।

कार्य संस्कृति में आमूल-चूल बदलाव से आम जनता के साथ ही जनप्रतिनिधियों को भी पहले से ज़्यादा महत्व देने का फैसला किया गया है। पूर्व मुख्यमंत्री से मिलना आम आदमी के लिये तो क्या, जनप्रतिनिधियों तक के लिये टेढ़ी खीर था। उनकी जगह उनके चहेते अधिकारी जनप्रतिनिधियों से अपनी खास शैली में मिलते थे। ऐसी ही एक मुलाकात के बारे में वाराणसी के एक जनप्रतिधि ने बताया कि जनसमस्याओं को नज़रंदाज़ करने की एक शिकायत करने पर, पंचम तल के एक प्रमुख सचिव ने उन्हें बेइज़्ज़त किया और बंद कराने की धमकी तक दे दी।

इसके मुकाबले मुख्यमंत्री अखिलेश यादव ने प्रति सप्ताह सांसदों और विधायकों से नियमित रूप से मुलाकात करने का कार्यक्रम बनाया है। उन्होंने अपने उच्चाधिकारियों के साथ पहली ही बैठक में कहा, 'जनप्रतिनिधि जनता की उम्मीदों के प्रतीक हैं। उनसे बेहतरीन व्यवहार होना चाहिए। नीचे तक के अफसरों में यह संदेश जाना चाहिए कि किसी भी पार्टी के जनप्रतिनिधि के साथ कहीं भी सही सलूक नहीं हुआ, तो ठीक नहीं होगा।'

उत्तरकथन

लम्बा है सफर

जन अपेक्षाएं और उम्मीदें कभी कभी कठोर होतीं हैं और सही तरह से काम न करनेवालों के साथ, चुनाव के दिन मतदाता हमेशा ही बेरहमी से पेश आता है। इतिहास गवाह है कि हर देश में जनसमर्थन की आंधी पर सवार जो जननेता कभी पूजे गये थे, जनता ने अपनी उम्मीदें पूरी न करने के कारण उन्हे ठुकरा कर इतिहास के कूड़ेदान में फेंकने में कोई देरी नहीं की।

अंतर्राष्ट्रीय स्तर पर ऐसे बदकिस्मत नेताओं में बोरिस येल्तसिन, माइकल गोरबाचेव, सद्दाम हुसैन, बिल क्लिंटन, जॉन मेजर और कर्नल मुअम्मर गद्दाफी को गिना जा सकता है और अपने देष्ठा में ऐसे उदाहरणों की कमी नहीं है जिन्हे कभी जनता से प्रचंड बहुमत मिला और कभी ष्टार्मनाक पराजय। श्रीमती इंदिरा गांधी, राजीव गांधी, एम. करुणानिधि, कल्याण सिंह, चंद्र बाबू नायडू और लालू यादव ऐसे ही नेताओं में गिने जाते हैं। ताज़ातरीन उदाहरण दलित चेतना की स्वयंभू देवी मायावती हैं। जिनकी अपनी ही पार्टी में बहुजन मूवमैंट बचाओ, मायावती हटाओ आंदोलन शुरु हो गया है।

ज़्यादा समय नहीं बीता, जब जनसमर्थन के अहंकार में भरकर, कभी खुद को जीवित देवी बताते हुए मायावती ने कहा था कि लोग पत्थर के देवीदेवताओं पर चढ़ावा चढ़ाने के बजाय उन पर चढ़ायें।

मायावती अपने सलाहकारों को ही अपनी जीत और कामयाबी की वजह मानती थीं। हद तो यह थी कि अपने दौर के अंतिम दिनों में उनके ही सलाहकारों ने उन्हे एक तरह से नज़रबंद कर लिया था। वह चंद लोगों के सिवा किसी को आसानी से उपलब्ध नहीं थीं। जिनकी वजह से वह सत्ता तक पहुंची थीं और मायावती

अपनी पार्टी के नेताओं की सूची फाड़ते हुए राहुल गांधी।

एडवोकेट से बहन मायावती बनी थीं, उसी दलित मूवमैंट के आधार रहे, खांटी दलित नेताओं तक को मायावती कोई भाव नहीं देती थीं।

हकीकत में जनअपेक्षाओं को पूरा न करना, मनमाने फैसले लेना और ग़लत लोगों को बढ़ावा, ये तीन बुनियादी कारण ही इतिहास में अधिकतर नेताओं की बर्बादी की वजह बने हैं। सबक साफ है- जनता किसी को माफ़ नहीं करती।

प्रचंड जन समर्थन की आंधी पर सवार होकर सत्ता शिखर पर पहुंचे लोकतंत्र के सबसे नये जननायक अखिलेश यादव को इन्ही कुछ उदाहरणों और अपने चारों ओर जमा लोगों से सावधान रहना होगा। उन्हे याद रखना होगा कि जनता ने उन्हे मायावती को उखाड़ फेंकने के लिये चुना है। इस कार्य में केवल उन्ही की मेहनत ने ही उन्हे सौ फीसदी कामयाब बनाया।

वैसे अखिलेश यादव के पहले ही कुछ दिनों के कामकाज ने यह साबित किया है कि अपने पिता की तरह ही उनको भी जन अपेक्षाओं की गहरी समझ है। उन्होने अपनी सरकार के आरंभिक 15 दिनों में ही, देश की बड़ी आईटी कंपनियों तथा उद्योगपतियों को राज्य में आमंत्रित करके एक नया माहौल रचा है। बहुत छोटे मामलों, जैसे विकलांगों की मदद, किसानों पर

पिछली सरकार के फर्जी मुकदमे वापस लेकर, ग्राम रोज़गार सेवकों का मानदेय छह गुना बढ़ाकर और बहुत तेज़ी से सही फैसले लेने के लिये अपने मंत्रियों को निर्देश जारी करके जनता की उम्मीदों की हिफाजत की है। उनकी सरकार अकेले एक मुख्यमंत्री की सरकार के रूप में काम नहीं कर रही है। अपने सहयोगियों को भी उन्होंने फैसले लेने का हक दिया है। दूसरी ओर वह हर स्तर पर ज़रा सी भी गलती, अनुशासनहीनता तथा मनमानी पर कार्रवाई कर रहे हैं।

अखिलेश का शाब्दिक अर्थ है- सबका स्वामी। उन्हें वाकई हर परिस्थिति का स्वामी बनना होगा। प्रदेश की विराट और बेलगाम नौकरशाही को बहुत कठोरता से मगर सहानुभूति के साथ नियंत्रित करना होगा। जिन चुनावी रथ यात्राओं ने उन्हें उत्तर प्रदेश का अखिलेश बनाया, उन्हीं की तरह उन्हें समय समय

स्वाभाविक सहृदयता से जीता लोगों का दिल।

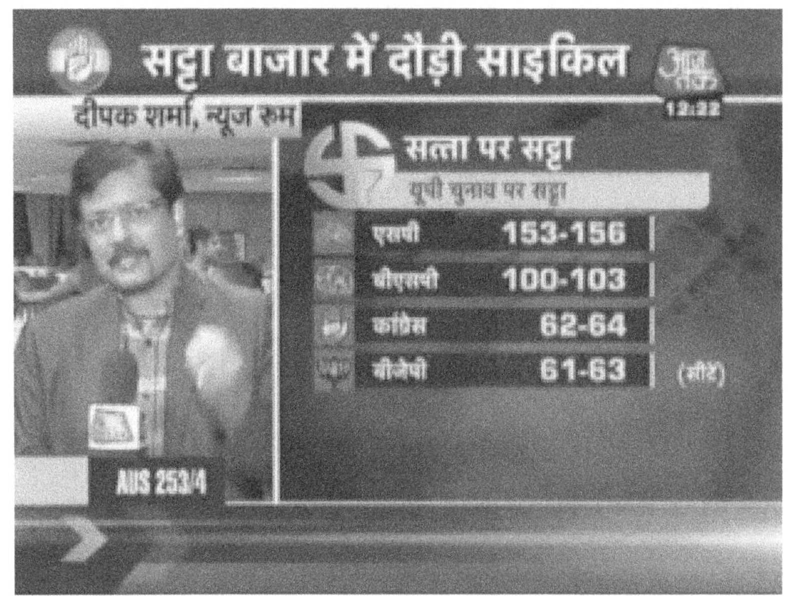

सट्टेबाजार में भी सपा की जीत पर खूब दांव लगा।

पर जिलों और गांवों में जाते रहना होगा। लोगों से मिलते रहना होगा। पूरा प्रदेश उनका है, लोग उनके हैं।

अखिलेश की अपार ऊर्जा, खानदानी विश्वसनीयता, स्वाभाविक विनम्रता, चरित्र, संतुलित नज़रिया, तकनीक की समझ, कलाओं की कद्र और सीखने की ललक उन्हें राजनीति में अगले 30 वर्ष दे सकती है।

अखिलेश को याद रखना होगा कि उनकी जीत में विराट जनसमर्थन, समाजवादी पार्टी के व्यापक कैडर और मुलायम सिंह यादव की अमिट विश्वसनीयता के सिवा किसी की कोई भूमिका नहीं है। जनता, पार्टी कैडर और नेताजी का नाम ही उनको फिर से लोकतंत्र का महानायक बनायेगा।

परिशिष्ट–1

तूफान की वापसी

समाजवादी पार्टी के विजयी उम्मीदवारों की विधानसभा निर्वाचन क्षेत्रवार सूची :

निर्वाचन क्षेत्र	**विजयी उम्मीदवार**
1. बलिया नगर	नारद राय
2. बांगरमऊ	बदलू खान
3. भगवंतनगर	कुलदीप सिंह सेंगर
4. भाटपुर रानी	कामेश्वर
5. भिनगा	इंद्राणी देवी
6. बिधुना	प्रमोद कुमार
7. बिल्हौर	अरुण कुमार कोरी
8. बिसौली	आशुतोष मौर्य उर्फ राजू
9. बिसावां	रामपाल यादव
10. बिठूर	मुनीन्द्र शुक्ला
11. चकिया	पूनम
12. छर्रा	राकेश कुमार
13. छिबरामऊ	अरविंद सिंह यादव
14. ददरौल	राममूर्ति सिंह वर्मा
15. डिबाई	श्रीभगवान शर्मा
16. देवबंद	राजेंद्र सिंह राणा
17. धनघटा	अलगू प्रसाद चौहान
18. धौलाना	धर्मेश सिंह तोमर
19. फतेहपुरसैयद	कासिम हसन
20. गोलागोकर्णनाथ	विनय तिवारी

निर्वाचन क्षेत्र	विजयी उम्मीदवार
21. हरैय्या	राजकिशोर सिंह
22. इटावा	माता प्रसाद पांडे
23. जसराना	रामवीर सिंह
24. कन्नौज	अनिल कुमार दोहरे
25. करहल	सोबरन सिंह यादव
26. कटिहारी	शंकरलाल मांझी
27. कतरा	राकेश यादव
28. कुंदरकी	मोहम्मद रिजवान
29. लम्बुआ	संतोष
30. लखनऊ मध्य	रविदास महरोत्रा
31. लखनऊ पश्चिमी	मो. रेहान
32. सिरसागंज	हरिओम
33. श्रीनगर	रामसरन
34. उतरौला	आरिफ अलवर हाशमी
35. जैदपुर	रामगोपाल
36. अकबरपुर	राम मूर्ति वर्मा
37. अकबरपुर-रनिया	रामस्वरूप सिंह
38. अलापुर	भीमप्रसाद सोनकर
39. अलीगंज	रामेश्वर सिंह
40. अलीगढ़	जफर आलम
41. इलाहाबाद दक्षिण	हाजी परवेज अहमद (टंकी)
42. अमेठी	गायत्री प्रसाद
43. अमृतपुर	नरेन्द्र सिंह यादव
44. अमरोहा	महबूब अली
45. असमौली	पिंकी सिंह
46. अतरौली	वीरेश यादव
47. अतरौलिया	डा. संग्राम यादव
48. औरई	मधुबाला
49. औरइया	मदन सिंह उर्फ संतोज़
50. अयोध्या	तेज नारायण पांडे उर्फ पवन पांडे

निर्वाचन क्षेत्र	विजयी उम्मीदवार
51. आजमगढ़	दुर्गा प्रसाद यादव
52. बबेरू	विशम्भरसिंह
53. बछरावां	राम लाल अकेला
54. बदायूं	आबिद रजा खान
55. बदलापुर	ओमप्रकाश 'बाबा' दूबे
56. बाह	राजा महेन्द्र अरिदमन सिंह
57. बहेड़ी	अताउर्रहमान
58. बहराइच	डॉ. वकार अहमद शाह
59. बईरिया	जयप्रकाश अंचल
60. बख्शी का तालाब	गोमती यादव
61. बलमाउ	अनिल वर्मा
62. बलरामपुर	जगराम पासवान
63. बांसडीह	राम गोविंद
64. बारा	डॉ. अजय कुमार
65. बाराबंकी	धर्मराज
66. बरहज	प्रेम प्रकाश सिंह
67. बरखेड़ा	हेमराज वर्मा
68. बिल्थरा रोड	गोरख पासवान
69. भदोई	जाहिद बेग
70. भरथना	सुख देवी वर्मा
71. भोगनीपुर	योगेन्द्र पाल सिंह
72. भोजपुर	जमालुद्दीन सिद्दकी
73. भोंगांव	आलोक कुमार
74. बिकापुर	मित्रसेन यादव
75. बिलारी	मो. इरफान
76. विश्वनाथ	गंजराजा राम
77. बुद्धना	नवाजिश आलम खां
78. चंदौसी	लक्ष्मी गौतम
79. छन्नबे	भाई लाल कोल
80. चित्रकूट	वीरसिंह

निर्वाचन क्षेत्र	विजयी उम्मीदवार
81. चुनार	जगदम्बर सिंह
82. कर्नलगंज	योगेश प्रताप सिंह 'योगेश भैय्या'
83. दरियाबाद	राजीव कुमार सिंह
84. दामपुर	मूलचंद चौहान
85. धनौरा	माइकल चन्द्र
86. डिबियापुर	प्रदीप कुमार
87. दीदारगंज	आदिल शेख
88. एटा	आशीष कुमार यादव
89. इटावा	रघुराज सिंह शाक्य
90. फरीदपुर	डॉ. साईराम सागर
91. गेनसारी	डॉ. शिव प्रताप यादव
92. गरौठा	दीप नारायण सिंह (दीपक यादव)
93. गढ़मुक्तेश्वर	मदन चौहान
94. गौरा	कुंवर आनंद सिंह
95. गौरीगंज	राकेश प्रताप सिंह
96. घाटमपुर	इन्द्रजीत कोरी
97. गाजीपुर	विजय कुमार मिश्रा
98. घोरावल	रमेश चन्द्र
99. घोसी	सुधाकर
100. गोंडा	विनोद कुमार उर्फ पंडित सिंह
101. गोपाल	पुरवसीम अहमद
102. गोपामऊ	श्याम प्रकाश
103. गोसाईंगंज	अभयसिंह
104. गन्नौर	राम खिलाड़ी सिंह यादव
105. ज्ञानपुर	विजय कुमार
106. हैदरगंज	राम मगन
107. हांडिया	महेश नारायण सिंह
108. हरचांदपुर	सुरेन्द्र विक्रम सिंह
109. हरदोई	नितिन अग्रवाल
110. हसनपुर	कमाल अख्तर

निर्वाचन क्षेत्र	विजयी उम्मीदवार
111. हस्तिनापुर	प्रभुदयाल वाल्मीकि
112. छाता	राधेश्याम
113. इसौली	अबरार अहमद
114. जहानाबाद	मदन गोपाल वर्मा
115. जखानिया	सुब्बाराम
116. जलालपुर	शेर बहादुर
117. जालेसर	रणजीत सुमन
118. जंघीपुर	कैलाश
119. जसवंत नगर	शिवपाल सिंह यादव
120. कादिपुर	रामचन्द्र चौधरी
121. कईमगंज	अजीत कुमार
122. कल्याणपुर	सतीश कुमार निगम एडवोकेट
123. कपिलवस्तु	विजय कुमार
124. कासगंज	मनपाल सिंह
125. कास्ता	सुनील कुमार लाला
126. केराकत	गुलाब चंद
127. किशनी	इंजी. ब्रजेश कथेरिया
128. किथोर	शाहिद मंजूर
129. कोईल	जमीर उल्लाह खान
130. कुर्सी	फरीद महफूज किदवई
131. कुशीनगर	बह्मशंकर त्रिपाठी
132. लखीमपुर	उत्कर्ष वर्मा 'मधुर'
133. लालगंज	बेचई
134. लखनऊ उत्तर	अभिषेक वर्मा
135. मच्छीशहर	जगदीश सोनकर
136. महादेवा	रामकरण आर्य
137. महाराजगंज	सुदामा
138. महमूदाबाद	नरेन्द्र सिंह वर्मा
139. महोली	अनुप कुमार गुप्ता
140. मैनपुरी	राजकुमार उर्फ राजू यादव

निर्वाचन क्षेत्र	विजयी उम्मीदवार
141. मल्हानी	पारस नाथ यादव
142. मलीहाबाद	इन्दल कुमार
143. मन्कापुर	बाबूलाल
144. मरहारा	अमित गौरव
145. मडियाहू	श्रद्धा यादव
146. मटेरा	यासरशाह
147. मऊरानीपुर	डॉ. रश्मि आर्य
148. मेहनगर	बृज लाल सोनकर
149. मेहनौन	नंदिता शुक्ला
150. मेजा	गिरीश चंद्र उर्फ गामा पांडे
151. मेनहडवाल	लक्ष्मीकांत
152. मिलक	विजय सिंह
153. मिल्कीपुर	अवधेश प्रसाद
154. मिर्जापुर	कैलाश नाथ चौरसिया
155. मिसरख	राम पाल राजवंशी
156. मोहनलाल गंज	चंद्रा रावत
157. मुरादाबाद नगर	मो. युसुफ अंसारी
158. मुरादाबाद ग्रामीण	शमीमुल हक
159. मुहम्मदाबाद-गोहना (सु.)	बैजनाथ
160. मुजफ्फर नगर	चितरंजन स्वरूप
161. नगीना	मनोज कुमार पारस
162. नौगावन सादत	अशफाक अली खान
163. नवाबगंज	भगवत सरन गंगवार
164. निजामाबाद	आलमबदी
165. उरई	दयाशंकर
166. पाथरदेवा	शकीर अली
167. पतियाली	नजीबा खां जीनत
168. पत्ती	रामसिंह
169. फाफामऊ	अंसार अहमद
170. फूलपुर पवई	श्याम बहादुर सिंह यादव

निर्वाचन क्षेत्र	विजयी उम्मीदवार
171. फूलपुर	सईद अहमद
172. पीलीभीत	रियाज अहमद
173. पिपराईच	राजमती
174. पोवायन	शकुंतला देवी
175. प्रतापगढ़	नागेन्द्र सिंह 'मुन्ना यादव'
176. प्रतापपुर	विजया यादव
177. पूरनपुर	पीतम राय
178. पूर्वा	उदय राज
179. राम नगर	अरविंद कुमार सिंह 'गोप'
180. रामकोला	पूर्णमासी देहाती
181. रामपुर	मो. आजम खां
182. रामपुर खड़काना	चौधरी फसींह बशीर उर्फ गजाला लारी
183. रानीगंज	प्रो. शिवकांत ओझा
184. रसूलाबाद	शिव कुमार बेरिया
185. रॉबर्ट्र्सगंज	अविनाश
186. सदाबाद	देवेन्द्र अग्रवाल
187. सदर	अरुण कुमार
188. सफीपुर	सुधीर कुमार
189. सागरी	अभय नारायण
190. सहसवान	ओंकार सिंह
191. सैदपुर	सुभाष
192. सलेमपुर	मनबोध
193. सलोना	आशा किशोर
194. संभल	इकबाल महमूद
195. संदी	राजेश्वरी
196. संडिला	कुंवर महाबीर सिंह
197. सरेनी	देवेन्द्र प्रताप सिंह
198. सरोजिनी नगर	शारदा प्रताप शुक्ला
199. सेवापुरी	सुरेन्द्र सिंह पटेल
200. सेवाता	महेन्द्र कुमार सिंह

निर्वाचन क्षेत्र	विजयी उम्मीदवार
201. शाहबाद	बाबू खान
202. शाहगंज	शैलेंद्र यादव 'लालजी'
203. शेखुपर	आशीष यादव
204. शिकारपुर	मुकेश शर्मा
205. शिकोहाबाद	ओमप्रकाश वर्मा
206. शेहरतगढ़	लालमुन्नी सिंह
207. श्रावस्ती	मुहम्मद रमजान
208. सिधौली	मनीष रावत
209. सिंकदरपुर	जियाउद्दीन रिजवी
210. शिमऊ	हाजी इरफान सोलंकी
211. सिसवा	शिवेन्द्र सिंह उर्फ शिव बाबू
212. सीतापुर	राधेश्याम जायसवाल
213. सिवालखास	गुलाम मोहम्मद
214. सोराओन	सत्यवीर मुन्ना
215. सुल्तानपुर	अनूप संदा
216. टंडा	अजीमुल हक पहलवान
217. तराबगंज	अवधेश कुमार सिंह उर्फ मंजू सिंह
218. तिखा	विजय बहादुर पाल
219. तुलसीपुर	अब्दुल मसूद खां
220. ऊंचाहार	मनोज कुमार पांडे
221. उन्नाव	दीपक कुमार
222. जाफराबाद	सचींद्र नाथ त्रिपाठी
223. जहूराबाद	सईदा शादाब फातिमा
224. जमानिया	ओमप्रकाश

परिशिष्ट–2

अखिलेश डिंपलः परिसंपत्तियां और देनदारियां

शपथ ग्रहण समारोह और अपने कैबिनेट की पहली बैठक के तुरंत बाद, उत्तर प्रदेश के नवनिर्वाचित मुख्यमंत्री अखिलेश यादव तथा उनकी पत्नी डिंपल ने अपनी सम्पत्ति की घोषणा की।

इस सम्पत्ति और देनदारियों का विस्तृत विवरण सरकार की वेबसाइट (http://information.up.nic.in/cm-assets.pdf) पर उपलब्ध है तथा दुनिया के किसी भी व्यक्ति द्वारा इस ब्यौरे का प्रिंट भी लिया जा सकता है।

संपत्ति और देनदारियों की इस घोषणा से मुख्यमंत्री अखिलेश यादव के मंत्रियों में एक कड़ा संदेश गया कि उन्हें भी ऐसा ही करना चाहिए। मुख्यमंत्री की कुल संपत्तियां 4,83,11,601 रुपये की हैं, तो देनदारियां 15.90 लाख रुपये की। उनके गृह जिले इटावा में कृषि भूमि की कीमत 17.53 लाख रुपये आंकी गयी है। लखनऊ में 1–ए, विक्रमादित्य मार्ग पर उनके आवास का मूल्य 41.63 लाख रुपये आंका गया है। यहां वह अपनी पत्नी डिंपल के तथा परिवार के साथ रहते हैं। उनके पास लखनऊ में 31/93 महात्मा गांधी मार्ग स्थित 37.55 लाख रुपये की एक अन्य संपत्ति भी है। वह फ्रेंड्स कालोनी में 2.11 लाख रुपये मूल्य के एक प्लाट के भी मालिक हैं।

मुख्यमंत्री के पास 20.16 लाख रुपये मूल्य की एक पजेरो गाड़ी है। उन्होंने 1.98 करोड़ रुपये की राशि विभिन्न जीवन बीमा योजनाओं, म्यूचुअल फंडों व साधारण बीमा में निवेश की है। उनके पास 97,923 रुपये नकद रकम है, तो 1,17,30,325 रुपये की राशि बैंक में जमा है। उन्होंने अपनी समाजवादी पार्टी

तथा पत्नी डिंपल व भाई प्रतीक यादव समेत परिवार के अन्य सदस्यों को 1,37,29,181 रुपए उधार दे रखे हैं।

अपने पति के कदमों पर चलते हुए अखिलेश की पत्नी डिंपल यादव ने भी मुख्यमंत्री की पत्नी होने के नाते सरकार की आधिकारिक वेबसाइट पर अपनी संपत्ति के विवरण को सार्वजनिक किया। इस घोषणा के अनुसार डिपंल के पास लगभग 238.38 लाख रुपये की संपत्ति है। उनके पास लखनऊ में 81.39 लाख रुपये कीमत के दो मकान, 59.76 लाख रुपये मूल्य के आभूषण तथा 81.67 लाख रुपए नकद तथा बैंक में सावधि जमा के रूप में हैं। डिंपल ने 15.56 लाख रुपये जीवन बीमा योजनाओं में भी निवेश किए है। डिंपल ने अपने पति से 22 लाख रुपए से कुछ अधिक धनराशि का ऋण भी ले रखा है।

परिशिष्ट–3

अखिलेश यादव : संक्षिप्त जीवनवृत्त

उ.प्र. की सरकारी सरकारी वेबसाइट (http://information.up.nic.in/cmprofile.html) पर कन्नौज से लगातार तीन बार सांसद बनते आ रहे और 15 मार्च 2012 से उत्तर प्रदेश के मुख्यमंत्री के रूप में कार्यरत अखिलेश यादव का आधिकारिक ईमेल cmup@nic.in है। सामाजिक नेटवर्किंग पोर्टल ट्विटर (twitter.com) पर उनका अकाउंट twitter.com/yadavakhilesh और उनका फेसबुक अकाउंट (facebook.com/ yadavakhilesh) है।

उनका अन्य आधिकारिक विवरण निम्नानुसार है :

नाम	:	अखिलेश यादव
पिता का नाम	:	श्री मुलायम सिंह यादव
माता का नाम	:	स्व. मालती देवी
जन्मतिथि	:	01 जुलाई 1973
जन्म स्थान	:	सैफई, जिला इटावा (उत्तर प्रदेश)
वैवाहिक स्थिति	:	विवाहित
विवाह तिथि	:	24 नवंबर 1999
पत्नी का नाम	:	डिंपल यादव
संतान	:	तीन–अदिति और जुड़वां बच्चे अर्जुन तथा टीना

सामाजिक तथा सांस्कृतिक गतिविधियां: ग्रामीण ग़रीबों, किसानों, मजदूरों और समाज के दबे-कुचले वर्गों के सर्वांगीण विकास-खुशहाली के लिये निरंतर सक्रिय एवं संघर्षरत।

व्यवसाय : कृषक, इंजीनियर, राजनीतिक तथा सामाजिक कार्यकर्ता

स्वरुचि एवं
मनोरंजन : पुस्तकें, अध्ययन, संगीत तथा प्रेरक फिल्में, फुटबाल खेलना तथा फुटबाल मैच देखना, क्रिकेट में भी दिलचस्पी

शैक्षिक योग्यता : बी.ई. (सिविल इंजीनियरिंग)

स्थायी पता : 5-विक्रमादित्य मार्ग, लखनऊ, उत्तर प्रदेश संपर्क 0522-2235477

शासकीय पता : 5-कालिदास मार्ग, लखनऊ, उत्तर प्रदेश

राजनीतिक एवं प्रशासनिक अनुभव

वर्ष 2000 : तेरहवीं लोकसभा में निर्वाचित (उपचुनावों में) सदस्य-खाद्य, नागरिक आपूर्ति और लोक वितरण समिति

वर्ष 2000-2001 सदस्य-आचार समिति

वर्ष 2002-2004 सदस्य-विज्ञान एवं प्रौद्योगिकी, पर्यावरण तथा वन समिति

वर्ष 2004-2009 चौदहवीं लोकसभा में पुनर्निर्वाचित (दूसरा कार्यकाल), सदस्य-आकलन समिति, सदस्य-शहरी विकास, सदस्य-सांसदों, पार्टियों के कार्यालयों, लोकसभा सचिवालय अधिकारियों हेतु कंप्यूटरों का प्रावधान समिति, सदस्य-विज्ञान एवं प्रौद्योगिकी, पर्यावरण एवं वन समिति

वर्ष 2009 पंद्रहवीं लोकसभा में पुनर्निर्वाचित (तीसरा कार्यकाल)

वर्ष 2009-2012 सदस्य-विज्ञान एवं प्रौद्योगिकी, पर्यावरण एवं वन समिति, सदस्य-2 जी स्पेक्ट्रम घोटाले पर संयुक्त संसदीय समिति

10 मार्च 2012 समाजवादी विधायी दल नेता के रूप में निर्वाचित

15 मार्च 2012 मुख्यमंत्री, उत्तर प्रदेश का कार्यभार

विदेश भ्रमण : आस्ट्रेलिया, अमरीका, ब्रिटेन, चीन, स्विटज़रलैंड, फ्रांस, आस्ट्रिया, कनाडा और जापान

संदर्भ

1. http://www.ndtv.com/video/player/news/why-people-love-akhilesh-yadav-top-5reasons/225935
2 http://www.ndtv.com/video/player/news/the-akhilesh-yadav-success-story/225931
3. http://twocircles.net/2012mar11/akhilesh_yadav_football_movies_crown_politics.html
4. http://www.indianexpress.com/news/rahul-asks-people-questions-but-forgets-they-have-questions-for-him-too/917014/
5. http://www.daijiworld.com/news/news_disp.asp?n_id=131060
6. http://www.thehindubusinessline.com/industry-and-economy/government-and-policy/article2997860.ece
7. http://www.indianexpress.com/news/keep-good-work/935395/
8. http://indiatoday.intoday.in/story/akhilesh-yadav-asks-ministers-to-rein-in-unruly-sp-workers/1/184617.html
9. http://www.ndtv.com/video/player/news/akhilesh-yadav-sworn-in-as-up-chief-minister/226456
10. http://www.businessworld.in/businessworld/businessworld/bw/akhilesh-yadav
11. http://www.youtube.com/watch?v=JeenLHLYkhg&feature=relmfu
12. लोकसभा में मुलायम सिंह यादव, सं. अशोक कुमार शर्मा, राजकमल प्रकाशन, नयी दिल्ली (2005)
13. http://www.youtube.com/watch?v=pCwVrcS73D4&feature=relmfu
14. http://expressbuzz.com/prabhuchawla/we-will-not-join-upa-govt-akhilesh-yadav/367372.html
15. http://www.aabc.co.in/latest-news/3967-akhilesh-yadav-47-council-of-ministers-sworn-in.html
16. http://zeenews.india.com/news/uttar-pradesh/up-cm-akhilesh-yadav-climbs-watch-tower_767049.html

17. http://cprindia.com/akhilesh-yadav-law-and-order-our-responsibility-from-today/
18. http://www.deccanherald.com/content/232640/akhilesh-yadavs-mysore-connection.html
19. http://post.jagran.com/akhilesh-yadav-restores-right-to-transfer-with-cabinet-ministers-1332480280
20. http://www.123bharath.com/news/lucknow-gets-set-for-akhilesh-yadavs-swearing-in-ceremony
21. http://www.123bharath.com/news/akhilesh-yadav-terms-rise-of-third-front-to-be-a-good-start
22. http://tehelka.com/story_main52.asp?filename=Ws060312Assembly3.asp
23. http://daily.bhaskar.com/article/UP-akhilesh-yadav-we-will-not-raze-mayawati-statues-or-elephants-2948870.html
24. http://www.newsbullet.in/india/34-more/27280—akhilesh-yadav-defends-inclusion-of-raja-bhaiya-in-cabinet
25. http://www.accessmylibrary.com/article-1G1-276707669/akhilesh-yadav-rise-other.html
26. http://kaumudiglobal.com/innerpage1.php?newsid=17680
27. http://sp.m.timesofindia.com/PDATOI/articleshow/12274235.cms
28. http://www.encyclopedia.com/video/_ege_iwspBw-akhilesh-yadav-is-cm-of.aspx
29. http://www.youtube.com/watch?v=If6kjYVE0Q0
30. http://www.thehindu.com/news/states/other-states/article3255443.ece
31. http://www.indiatvnews.com/news/India/Tech_Savvy_Akhilesh_Yadav_Captures_UP_s_Young_Urban_Voters-14797.html
32. http://in.reuters.com/article/2012/03/10/akhilesh-yadav-chief-minister-uttar-prad-idINDEE82905J20120310
33. http://indiatoday.intoday.in/video/akhilesh-yadav-chief-minister-uttar-pradesh/1/177944.html
34. http://www.aajkikhabar.com/en/news/up-chief-minister-akhilesh-yadav-likely-to-attend-cmsconference-on-internal-security/692672.html
35. http://www.latestnews24.in/2012/04/what-benefits-have-dalits-from-statues.html
36. http://in.news.yahoo.com/cm-akhilesh-yadav-scraps-mayawatis-decision-govt-

jobs-113349527.html
37. http://business-standard.net.in/india/news/newsmaker-akhilesh-yadav/466453/
38. http://lighthouseinsights.in/akhilesh-yadav-uses-social-media-effectively-for-up-elections.html
39. http://www.livemint.com/2012/03/10135751/Akhilesh-Yadav-to-be-next-CM-o.html
40. http://www.bhaskar.com/article/UP-OTH-akhilesh-yadav-is-also-fond-of-poetry-and-sms-3116078.html?HF-40=
41. http://video.in.msn.com/watch/video/akhilesh-yadav-thanks-up-for-victory/fdxqsu5f?cpkey=3e11fe02-7958-4ff3-92d3-ce011e59f62b%7C%7C%7C%7C
42. http://www.ndtv.com/video/player/news/akhilesh-yadav-meets-left-leader-karat/226234
43. http://kaumudiglobal.com/innerpage1.php?newsid=18312
44. http://www.thehindubusinessline.com/industry-and-economy/government-and-policy/article2981464.ece
45. http://www.dailypioneer.com/state-editions/lucknow/54080-akhilesh-yadav-will-promote-upas-nirmal-gram-panchayat-scheme.html
46. http://www.financialexpress.com/news/up-cm-akhilesh-yadav-scraps-mayawatis-govt-jobs-reservation-for-sc-officers-decision/932109/
47. http://www.thesundayindian.com/en/story/Akhilesh-Yadav-gives-new-lease-of-life-to-5-Kalidas-Marg/14/32662/
48. http://www.siasat.com/english/news/akhilesh-yadavs-wife-declares-assets-govt-website
49. http://www.timesnow.tv/Focus-firmly-on-UP-Akhilesh-Yadav/videoshow/4397733.cms
50. http://conclave.intoday.in/article/akhilesh-yadav-chief-minister-uttar-pradesh/3268/38.html
51. http://www.expressindia.com/latest-news/Seeking-legal-opinion-to-free-court-blast-accused-Akhilesh-Yadav/937041/

52. http://www.financialexpress.com/news/not-mulayam-sp-workers-want-akhilesh-yadav-as-cm/921211/
53. http://expressbuzz.com/opinion/op-ed/unfair-to-pull-akhilesh-yadav-down-so-soon/380083.html
54. http://www.deccanchronicle.com/slideshows/channels/nation/north/akhilesh-yadav-new-chief-minister-967
55. http://timesofindia.indiatimes.com/videos/news/Will-honour-peoples-faith-Akhilesh-Yadav/videoshow/12228629.cms
56. राज्यसभा में मुलायम सिंह यादव, सं. अशोक कुमार शर्मा, राजकमल प्रकाशन, नयी दिल्ली (2005)
57. मुलायम सिंह यादव : चिंतन और विचार, सं. अशोक कुमार शर्मा, डायमंड बुक्स, नयी दिल्ली (2004)
58. एक और लोहिया: मुलायम सिंह, डॉ. सुनील जोगी, डायमंड बुक्स, नयी दिल्ली (2004)
59. http://en.wikipedia.org/wiki/Akhilesh_Yadav
60. http://www.timesnow.tv/Akhilesh-Yadav-to-TIMES-NOW/videoshow/4397374.cms
61. http://www.dnaindia.com/india/report_akhilesh-yadav-renames-rahul-gandhi-s-constituency_1675622
62. http://www.rediff.com/news/report/fifty-four-pc-of-akhilesh-yadavs-cabinet-has-a-criminal-record/20120413.htm
63. http://articles.timesofindia.indiatimes.com/keyword/akhilesh-yadav
64. http://www.akhileshyadav.com/
65. http://www.ndtv.com/article/india/in-24-days-as-chief-minister-akhilesh-yadav-transfers-over-1000-officers-195657
66. http://www.ndtv.com/article/india/in-24-days-as-chief-minister-akhilesh-yadav-transfers-over-1000-officers-195657
67. http://timesofindia.indiatimes.com/videos/news/Akhilesh-Yadav-takes-oath-as-UP-chief-minister/videoshow/12273679.cms
68. http://www.firstpost.com/topic/person/akhilesh-yadav-profile-59378.html
69. http://ibnlive.in.com/videos/248891/baby-sale-up-cm-akhilesh-yadav-promises-action.html
70. http://www.youtube.com/watch?v=TIiRIoyjf5Y&feature=related

71. http://www.hindustantimes.com/India-news/Lucknow/Akhilesh-Yadav-defends-decision-to-induct-Raja-Bhaiyya/Article1-825925.aspx
72. http://timesofindia.indiatimes.com/india/Mayawati-dares-UP-CM-Akhilesh-Yadav-to-a-park-fight/articleshow/12668659.cms
73. http://m.ibnlive.com/news/akhilesh-yadav-to-be-uttar-pradesh-cm/237655-37.html
74. http://expressbuzz.com/prabhuchawla/we-will-not-join-upa-govt-akhilesh-yadav/367372.html
75. http://timesofindia.indiatimes.com/videos/news/Akhilesh-calls-for-ideas-that-can-change-UP/videoshow/12244473.cms
76. http://timesofindia.indiatimes.com/videos/news/I-will-fulfill-all-my-promises-Akhilesh-Yadav/videoshow/12208622.cms
77. http://timesofindia.indiatimes.com/videos/news/Akhilesh-is-CM-because-of-my-support-Amar/videoshow/12231840.cms
78. http://articles.timesofindia.indiatimes.com/2012-04-14/india/31342014_1_akhilesh-yadav-funds-for-central-schemes-mnrega
79. http://economictimes.indiatimes.com/news/politics/nation/akhilesh-yadav-accuses-mayawati-of-political-gimmicks/articleshow/12678803.cms
80. http://timesofindia.indiatimes.com/india/Will-free-Muslims-falsely-accused-of-terror-Akhilesh-Yadav/articleshow/12681587.cms
81. http://www.daijiworld.com/news/news_disp.asp?n_id=134528
82. मुलायम सिंह यादव : चिंतन और विचार, (वृहद् संस्करण) सं. अशोक कुमार शर्मा, सरूप एंड संस, नयी दिल्ली (2005)

■■■

महापुरुषों की जीवनियां

क्रांतिदूत
अन्ना हजारे

अन्ना
की जंग

शहीद
भगत सिंह

क्रांतिवीर
सुभाष

चन्द्रशेखर
आज़ाद

मदनलाल ढींगरा
और
शहीद ऊधमसिंह

बाबू
जगजीवन
राम

शहीद भगत सिंह

गोपालकृष्ण गोखले

महाराणा प्रताप

छत्रपति
शिवाजी

सम्राट
पृथ्वीराज चौहान

क्रांति का मसीहा
डॉ. बिनायक सेन

भारत
की
स्वाधीनता
संग्राम

झांसी की रानी
लक्ष्मी बाई

गणेश शंकर विद्यार्थी

तात्या टोपे

रामप्रसाद बिस्मिल

श्यामा प्रसाद मुखर्जी

पं दीनदयाल उपाध्याय

श्री गुरुजी
गोलवलकर

लाल बहादुर शास्त्री

लाला लाजपत राय

डॉ. केशव हेडगेवार

बाल गंगाधर तिलक

व्यक्तित्व विकास की श्रेष्ठ पुस्तकें

व्यक्तित्व विकास

अच्छा इंसान सफल विजेता कैसे बने
शशिकांत सदैव

डेल कारनेगी
लोक व्यवहार

टॉपर्स के टॉप टिप्स
जे.पी.एस. जौली

डेल कारनेगी
चिंता छोड़ो सुख से जियो

कहानियाँ जो जीना सिखाएं
जे.पी.एस. जौली

कहानियाँ जो राह दिखाएं
सुख, समृद्धि और सफलता की पारसमणि
जे.पी.एस. जौली

मैनेजमेंट एवं कॉरपोरेट गुरु चाणक्य

डॉ. उज्जवल पाटनी
सफल वक्ता सफल व्यक्ति

सफलता पाने की 8 शक्तियाँ
शिशिर श्रीवास्तव

सफलता की नई तकनीक

टाइम मैनेजमेंट

आप और आपका व्यवहार
सूर्या सिन्हा

सोच बदलो सफलता पाओ

क्या है नेटवर्क मार्केटिंग जानिए
सूर्या सिन्हा

जीत लो ख्वाबों को

हार के बाद ही जीत है

www.ingramcontent.com/pod-product-compliance
Ingram Content Group UK Ltd.
Pitfield, Milton Keynes, MK11 3LW, UK
UKHW021659190726
13853UKWH00001B/362